LE LIVRE DU PHILOSOPHE

*Du même auteur
dans la même collection*

AINSI PARLAIT ZARATHOUSTRA
L'ANTÉCHRIST
LE CRÉPUSCULE DES IDOLES - LE CAS WAGNER
ECCE HOMO - NIETZSCHE CONTRE WAGNER
LE GAI SAVOIR
GÉNÉALOGIE DE LA MORALE
LE LIVRE DU PHILOSOPHE
SECONDE CONSIDÉRATION INTEMPESTIVE — DE L'UTILITÉ ET DE L'INCONVÉNIENT DES ÉTUDES HISTORIQUES POUR LA VIE

FRIEDRICH NIETZSCHE

LE LIVRE DU PHILOSOPHE

ÉTUDES THÉORÉTIQUES

Traduction, introduction et notes
par
Angèle KREMER-MARIETTI

GF Flammarion

© AUBIER-FLAMMARION, Paris, 1969.
1991, FLAMMARION, Paris, pour cette édition.
ISBN : 2-08-070660-8

INTRODUCTION

Nietzsche sur la vérité et le langage
(1872-1875)

Les Études Théorétiques (Theoretische Studien), sont un ensemble de textes écrits en 1872, 1873 et 1875, dans le sillage ouvert par *La Naissance de la tragédie* (1872), et qui, d'après les éditeurs du volume X de l'édition Kröner, Ernst Holzer et August Horneffer, devaient constituer, avec une partie plus nettement historique *(Die Philosophie im tragischen Zeitalter der Griechen)*, un ouvrage consacré au philosophe, *Das Philosophenbuch,* dans lequel Nietzsche se serait proposé de dégager les grandes lignes d'une conception de la philosophie dans ses rapports avec l'art, la science et la civilisation en général. Sans vouloir soulever la question de savoir si un tel projet a été celui de Nietzsche ou si au contraire nous ne sommes qu'en présence d'ébauches intéressantes mais incertaines, nous pouvons reconnaître que tous les textes cités ci-dessus, y compris *La Naissance de la tragédie* d'ailleurs, se rattachent à une même attitude fondamentale de Nietzsche, sans démenti dans la suite de son évolution ultérieure. En effet, toutes ces études tournent autour du débat de la vérité indissociable de l'examen du langage et se proposent, sur la base de la découverte de la faillite de la vérité et de la science, de remédier à l'état de fait par une enquête ayant pour objet la civilisation d'un point de vue général et la civilisation grecque en particulier. Il s'agit, il ne faut pas en douter, d'une « résignation tragique » (§ 165) devant un Mal inexpiable mais auquel sont appelées à remédier toutes les ressources philosophiques de l'homme. *Le Livre du philosophe* s'adresserait effectivement au philosophe soucieux de concilier l'art, la science et la sagesse au sein d'une civilisation réussie. Ces textes sont donc, sur un fond de pessimisme, des essais éminemment constructifs et positifs qui pourront étonner ceux qui placent Nietzsche sous le signe de la négation et de la destruction.

Nietzsche n'est pas homme de dialogue. Mais les problèmes radicalement humains qu'il a soulevés, au point de se trouver lui-même pris dans leurs pièges, dirigent vers nous leurs menaces et tentent de nous égarer dans des labyrinthes dont nous ne savons plus finalement s'ils sont en nous, ou si nous sommes en eux. En même temps, il faut que nous admettions que c'est aussi une planche de salut que nous propose Nietzsche car, en fait, c'est au remède d'un Mal inexpiable qu'il pense, Mal auquel faisait sans doute allusion Michel Foucault quand il posait la question de l'existence de l'homme en ne nous cachant pas que cette question garde ses origines dans le nietzschéisme. L'impensé de l'homme contemporain recoupe l'insondable région de l'inexplicable et de l'inconcevable mise au jour par *La Naissance de la tragédie*, région sise aux confins des cercles du savoir.

Selon le profond enseignement de *La Naissance de la tragédie*, partie pour être optimiste, notre connaissance rationnelle atteindrait les zones de désespoir dont elle ne pourrait sortir sans se concilier une connaissance tragique tempérée par l'art. Nous sommes appelés à comprendre l'opposition prononcée par Nietzsche entre l'homme théorique et l'homme tragique, entre l'homme de la vérité scientifique et l'homme de la vérité radicale, et, si l'art seul peut maintenant nous consoler, comme le pense Nietzsche, nous devons réfléchir aux « problèmes de civilisation » qui se posent ici dans une intention toute médicale. Aussi les livres de Nietzsche ne se ferment-ils pas, étant rarement achevés, et ils s'ouvrent encore sur l'horizon infini de l'art. Sur le présupposé du « monde splendide de l'art » (§ 18), commence le philosopher véritable : tous les mensonges ayant été déjoués, toutes les illusions reconnues, le philosophe n'en porte qu'un meilleur jugement sur l'existence (§ 18). Pour vaincre la force d'écoulement de tout ce qui s'écoule, il faut oser dépasser l'historique, le supprimer en l'accomplissant, mais encore le remplacer en plongeant dans la beauté (§ 19). Même le dépassement du non-historique de l'art est nécessaire, car le philosophe suit des yeux le cours de la civilisation, et la Volonté « veut aussi quelque chose de lui » parce qu'il est par excellence « le frein de la roue du temps » (§ 24). Enfin, est nécessaire aussi l'installation dans le trans-historique car, suscité par les dangers qu'encourt l'homme, le philosophe doit s'élancer longtemps à l'avance, comme peut-être le fit Nietzsche en ce qui nous concerne, et pour cela il doit avoir la vue perçante de celui qui connaît ce qui fait nécessité (§ 27).

La partie historique du *Livre du philosophe*, la *Philosophie à l'époque tragique des Grecs*, restée inachevée, devait donner le contexte philosophique de la tragédie grecque. Ces recherches constituent des fragments intéressants sur cette époque que K. Jaspers qualifie *d'axiale*[1], car l'homme qui la vit pose les questions essentielles en se situant lui-même entre des limites humaines et des buts élevés. C'est l'essence de l'hellénisme que veut atteindre Nietzsche et ne faut-il pas la chercher dans le rôle que joue cette civilisation, dans cette aube de la civilisation occidentale, époque où prend naissance le chemin de la philosophie grecque ? Nietzsche l'affirme en 1875, le rôle de la civilisation grecque est de justifier la philosophie. A cette affirmation, nous avons eu une réplique contemporaine en la pensée de Heidegger, pour qui « le mot *philosophia* nous dit que la philosophie est quelque

---

1. K. Jaspers, *Introduction à la philosophie*, trad. par Jeanne Hersch, Plon, 1951, p. 136.

chose qui, d'abord et avant tout, détermine l'existence du monde grec. Il y a plus — la *philosophia* détermine aussi en son fond le cours plus intérieur de notre histoire occidentale européenne... la « philosophia » est grecque dans son être même — grec veut dire ici : la philosophie est, dans son être original, de telle nature que c'est d'abord le monde grec et seulement lui qu'elle a saisi en le réclamant pour se déployer — elle[1] ». Par ces lignes nous pouvons nous confirmer dans la signification de la philosophie et du monde grec, qui sont, il est évident, inséparables.

Le jeune *philologue-philosophe* qu'était Nietzsche l'avait senti. C'est la civilisation grecque qu'il juge seule capable de nous révéler quelle est la tâche du philosophe, et digne de justifier la philosophie. Les Grecs eux-mêmes justifient l'existence de la philosophie. L'affirmation peut-être la plus admirable est celle de Thalès faisant de l'eau le principe de tout : trois questions éminemment philosophiques sont ainsi posées, celles de la naissance, de la représentation et de la formulation du devenir et de l'unité. Le premier philosophe grec, pensant l'eau comme ce que *La Naissance de la tragédie* nomme l'Un-primordial, pose ainsi l'unité de principe. La pensée ultérieure de Nietzsche se souviendra des trois critères de la naissance, de la représentation et de la formulation du devenir et de l'unité : Volonté de Puissance et Éternel Retour répondent à ces trois critères étant l'une et l'autre les formulations cosmiques, la première, de l'existence historique, le second, de l'existence transhistorique. Volonté de Puissance et Éternel Retour ne sont que deux aspects, explicités tardivement par Nietzsche, d'un même Être originel (*Ur-Wesen*[2]) ou de la Mère originelle (*Urmutter*[3]) ou bien encore des mères de l'Être qui sont précisées dans *La Naissance*

---

1. M. Heidegger, *Qu'est-ce que la philosophie ?*, trad. par K. Axelos et J. Beaufret, Gallimard, 1957, p. 15.
2. *La Naissance de la tragédie*, Kröner I, p. 117.
3. *Ibid.*, K. I, p. 116-117.

de la tragédie comme étant l'*illusion*, la *volonté* et la *souffrance* (*Wahn, Wille, Wehe*[1]). Nietzsche a surtout, en ce qui concerne les présocratiques, ce que Jean Beaufret appelle une « représentation *compréhensive* de l'histoire[2] », c'est ce qui explique qu'il s'élève contre la manie historique de son siècle et qu'il lui préfère « la peinture historique, créatrice, stimulante » (§ 41). Ainsi Nietzsche repense-t-il les grandes intuitions du monde qu'eurent les plus anciens philosophes grecs. Il se demande en effet ce qu'il fallait faire du chaos primitif, antérieur au mouvement, pour en tirer le monde présent, et tirer du chaos le cosmos : au *Noùs* d'Anaxagore, Nietzsche préfère la Volonté, et quant au chaos, sans doute suppose-t-il déjà l'existence du mouvement et d'un contre-mouvement, l'*amour* et la *haine* d'Empédocle. Le couple actif-réactif lui-même implique la hiérarchie et l'Éternel Retour du monde : c'est ce que Nietzsche concède à Anaxagore sans l'affirmer encore comme sa thèse. Mais le monde nietzschéen déjà se dessine : animé de Puissance, sans commencement ni fin, à la réserve inépuisable, se détruisant et se créant perpétuellement. « La Volonté seule est immortelle » (§ 19).

Les ÉTUDES THÉORÉTIQUES sont intéressantes, non seulement pour la connaissance de l'histoire de la philosophie grecque, mais encore et surtout pour ce qui est de la philosophie elle-même ; aussi publions-nous l'essai *Sur la vérité et le mensonge au sens extra-moral* (1873), que nous jugeons très important quant aux problèmes de la vérité et du langage, dont Nietzsche n'a fait qu'un seul. Dans leur ensemble, ces *Études théorétiques* touchent en fait au fondement même de la philosophie, puisque Nietzsche y pose, outre une théorie de la connaissance avec ses conclusions négatives, une intention positive formée sur l'être même du philosopher, sur ce qu'il comporte de sain et de favorable à la vie de l'homme, sur le résidu

---

1. *Ibid.*, K. I, p. 144.
2. J. Beaufret, *Le Poème de Parménide*, P.U.F., 1955, p. 7.

radical du philosopher à partir duquel une civilisation humaine serait *possible*. Dans le « dénuement tragique » apporté par la philosophie y a-t-il encore matière suffisante pour bâtir une civilisation qui ne soit pas la proie de la science ? Les quatre groupes de textes se complètent parfaitement sur la base d'une *évidence* : la faillite de la vérité, et sur celle d'une *intention* : réussir une civilisation riche en grandes œuvres. Il s'agit en effet d'un livre dédié au philosophe, car l'examen central porte sur *ce qu'est* la philosophie, dont Nietzsche tente de fixer une physiographie profonde, afin de connaître les chances qui restent encore à l'homme.

Face à la science, Nietzsche, qui la juge, ne décide pas de l'anéantir, mais de la maîtriser ; de renverser l'ordre de dépendance qui s'insinue avec l'acquiescement des philosophes eux-mêmes, sans doute obnubilés par la « certitude » scientifique. En fait, la science est « philosophique » et le physicien, qui s'en défend, a pourtant une attitude « métaphysique », qu'elle soit d'ailleurs réaliste, nominaliste ou rationaliste. Nietzsche voit dans l'activité scientifique la manifestation d'un véritable instinct de connaissance que rien n'arrête et qui n'obéit qu'à sa propre Volonté (de Puissance) ; ce que *peut* la philosophie, c'est déterminer la valeur de la science. Pour refréner cet instinct de connaissance, la philosophie doit mettre en branle des forces d'art inouïes qui seraient seules susceptibles de reconstituer une unité (§ 30). La tâche suprême de la philosophie serait donc la concentration de l'instinct effréné du savoir et son unification. Les premiers philosophes grecs donnent le modèle à suivre, car c'est avec Socrate que la maîtrise du savoir tomba des mains de la philosophie : il raisonna au niveau de l'individu et de son bonheur, alors l'unité hellénique s'émietta, libérant la « force scientifique ». Depuis son émancipation hors de la maîtrise théologique du Moyen Age, la science est devenue *sujet libre*, extérieur à l'homme, système indépendant qui se construit par auto-genèse comme la « pyramide » du savoir dans *La Naissance de la tragédie*. Ainsi la science surplombe l'individu, et l'action de Kant a contribué, en faisant perdre la croyance en la métaphysique, à cette libération de la science (§ 32). Au contraire, Schopenhauer et Wagner ont combattu pour un juste retour de la mainmise philosophique sur la science, avec la circonspection nécessaire. Ainsi, pour Nietzsche, par le maintien du sublime, par la production de la grandeur, la philosophie devrait s'opposer au manque absolu de discernement manifesté par la science dans son expansion : en effet, pour la science, « il n'y a ni grand ni petit » (§ 34). La science et l'histoire dans sa prétention scientifique s'attachent « jusqu'au monstrueux » à tout ce qui est connaissable. Aussi, s'il est vrai que « l'histoire et les sciences de la nature furent nécessaires contre le Moyen Age : le savoir contre la croyance », maintenant ajoute Nietzsche, « contre le savoir nous dirigeons [...] l'*art* : retour à la vie ! » (§ 43). Les Grecs ont su maintenir le déchaînement du savoir au profit d'une civilisation de l'art. De nos jours cette maîtrise est plus difficile, seul le « philosophe de la connaissance tragique » (§ 37) aura la force nécessaire, sans le secours d'aucune métaphysique, avec le seul appui de l'art tragique. Ainsi, privé du terrain de la métaphysique, renonçant au tourbillon bariolé des sciences, le philosophe de la connaissance tragique assisterait au retournement du savoir qui se fait critique du savoir : « le combat du savoir avec le savoir ! » (§ 36). Il encouragerait l'édification d'une vie neuve, démontrerait la nécessité de l'illusion et de l'art, la nécessité de leur domination de la vie ; il imposerait même une religion nouvelle, celle de l'art, comportant des jugements de valeur sur le savoir et le beaucoup-savoir. Non seulement l'esthétique devrait donc prendre de l'importance, dans cette provocation au combat contre l'histoire et les sciences de la nature, mais encore la morale, esthétique et morale se mettant ainsi au service de l'existence, contre la science excessive. Et, sans doute, faudrait-il revenir à la musique et à ses pouvoirs rythmiques, dont les Grecs connaissaient les effets et les usages déterminants.

Quel est donc pour Nietzsche le problème de la civilisation ? Est-ce le bonheur du peuple ? Comment concevoir le bonheur ? Certes, le bonheur par la fuite métaphysique est à réprouver : « je suis absolument opposé à l'idéalisme de rêve » (§ 108), écrit Nietzsche. Tournons-nous vers le modèle grec : « Dans tous les instincts propres aux Grecs se montre une *unité dominante :* nommons-la la *volonté* hellénique... La *civilisation* d'un peuple se manifeste dans l'*unification dominante des instincts de ce peuple :* la philosophie domine l'instinct de la connaissance, l'art l'instinct des formes et l'extase, l'*Agapê* domine l'*Eros* » (§ 46). Aussi, pour autant que la science puisse se développer au maximum dans le monde moderne, « notre temps ne doit pas se croire à un niveau tellement supérieur en ce qui concerne l'instinct du savoir » (§ 47). La différence essentielle entre les Grecs et les hommes des temps modernes réside en ce que chez eux tout devenait *vie,* tandis que chez nous tout devient *savoir.* Notre temps assiste à la sédimentation de la science comme aliénation de l'homme. En fait, au lieu de se retrouver et de donner à l'existence plus de valeur, l'homme moderne se perd dans la science, dans laquelle il fait glisser des forces qu'il aurait pu mettre au service de l'existence : car, par ailleurs, les services techniques que lui rend la science sont artificiels et l'éloignent davantage de lui-même. A la belle illusion de l'*art*, il faut ajouter l'illusion tenace de l'*artifice* de la science : vouloir substituer la seconde à la première, c'est accepter un marché de dupe. En effet, au-delà de la science, les forces naturelles demeurent impénétrables et les lois scientifiques elles-mêmes sont nos illusions : « Notre conscience effleure la surface. Bien des choses échappent à notre regard » (§ 50). Si le schème entier des lois de l'univers nous devenait connu, il n'en resterait pas moins que, du point de vue strict de la vie humaine, tout serait au même point : croire le contraire, c'est manifester encore la persistance d'une illusion tenace : l'œil voit les formes, mais les *forces* sont autres. Nietzsche développe une théorie de la connaissance et une critique de la vérité liées à l'agir total de l'homme : au voir, à l'entendre et au parler. En fait, ce qu'il y a de probable, finalement, c'est que « nous ne pouvons pas nous représenter les choses comme elles sont, parce que nous ne devrions justement pas les penser » (§ 121). Ainsi Nietzsche pousse plus loin que Kant la critique de la raison humaine jusqu'au point d'affirmer que : « Par nature l'homme n'est pas là pour la connaissance » (§ 130). La civilisation classique se donne toujours pour fin de dévoiler ce qui est voilé, d'éclairer ce qui est obscur, mais les yeux de lynx du « philosophe pratique », par opposition à l'homme théorique qu'est Socrate, ne luisent que dans les ténèbres, tandis que l'homme de science se réjouit de l'obscurité vaincue par la *force superficielle* de son entendement (§ 54), qui subit la prédominance de la logique aux dépens « de ce qu'il est *possible* de savoir » (§ 71). Ainsi l'homme doit-il tenter de se maintenir, malgré ce qu'il lui est devenu impossible de savoir : seul, l'artiste pourra lui donner ce courage que la science ne justifie plus.

Science et sagesse se trouvent donc en conflit dans la civilisation depuis le temps de Socrate : la science pousse l'individu à chercher une compensation ou son propre intérêt, la sagesse généralise souvent illogiquement mais elle rapporte ses résultats à la vie en marquant l'importance de l'âme (§ 188). Cette contradiction est incarnée en Socrate qui, selon la sagesse, a pris l'âme au sérieux et qui, selon la science, s'est méfié de la généralisation illogique. Ainsi ce que Nietzsche nous invite à redécouvrir n'est autre que la sagesse de la civilisation grecque archaïque, présocratique ; les présocratiques, en effet, ont détecté les dangers de leur propre civilisation et ils ont su produire les correctifs nécessaires, même si souvent leurs efforts demeurèrent vains. Outre l'action des fatalités historiques, il faut voir le rôle qu'a joué Socrate, agissant de son côté en isolant l'individu et lui donnant la conviction d'être le sujet de la représentation. Au contraire, la philosophie archaïque est liée à l'art, elle ne méprise pas la vie comprise dans la manière de vie courante : « Elle n'est *pas* la négation de l'*autre* manière de vivre, mais, comme une fleur rare, elle en sort ; elle en exprime les secrets (Théorie-pratique) » (§ 193). Loin de sous-estimer la pratique, la philosophie archaïque en tire parti, ne visant pas stupidement le bonheur : « elle n'est pas si *individuelle-eudémono-logique* ; dénuée de l'infâme prétention au bonheur » (§ 193). Enfin, elle ne conçoit pas la sagesse comme une vertu froide. Le *daemon ex machina* qui fit disparaître le génie grec fut la guerre contre les Perses, c'est pourquoi la forme de vie supérieure à laquelle les philosophes anciens ont tenté de parvenir reste encore à atteindre : « sans les guerres contre les Perses on aurait compris l'idée de centralisation sous la forme d'une *réforme de l'esprit* » (§ 198). Et Nietzsche, qui médite ainsi sur le destin de la civilisation grecque archaïque, voit quels étaient les éléments de santé qui furent détruits dans les tendances centralisatrices, alors que la véritable unité devait être celle des fêtes et du culte avec l'*idée d'une tragédie panhellénique* (§ 198). Les philosophes qu'il faut donc tenter de ressusciter sont, selon Nietzsche, les philosophes isolés de la Grèce archaïque, « témoins de l'hellénisme », « adversaires des dangers encourus par l'hellénisme », « réformateurs manqués », qu'il faut considérer « comme des essais pour parvenir à une *forme de vie* qui n'a *pas encore* été atteinte » (§ 199).

Cette œuvre de longue haleine, Nietzsche la présente comme en son commencement : « Je fais une tentative pour être utile à ceux qui méritent d'être initiés opportunément et sérieusement à l'étude de la philosophie. Que cette tentative réussisse ou non, je sais cependant trop bien qu'il faut la surpasser et je ne lui souhaite rien de plus, pour le bien de cette philosophie, que d'être imitée et surpassée » (§ 159). Mais cette œuvre, Nietzsche ne la conçoit pas sans la destruction de celle de Socrate. Pourquoi Nietzsche veut-il donc défaire l'œuvre de Socrate ? L'influence de ce dernier est résumée comme suit : « 1. il a détruit la naïveté du jugement éthique ; 2. a réduit au néant la science ; 3. n'avait aucun sens pour l'art ; 4. arracha l'individu à son lien historique ; 5. indiscrétion dialectique et bavardage requis » (§ 196). Autrement dit, Socrate a appelé ses auditeurs à la conscience et à la réflexion en matière de morale et de science, favorisant le raisonnement individuel, renforçant les pouvoirs du sujet pensant, intellectuel et non sensible, universel et non historique, exercé à l'art dialectique. Pourtant entre Nietzsche et Socrate, des liens de parenté sont manifestes, de l'aveu même de Nietzsche (§ 188).

Le terrain commun des deux penseurs concerne le langage : l'un est le promoteur du *dire* et l'avant-garde des siècles de conceptualisation rationaliste ; l'autre, témoin de la pleine réussite rationaliste, se fait l'instigateur du coup de frein radical et pense le bouleversement du *dire* et du *voir*. C'est, en effet, de la nomination faite par le langage que part Socrate pour inverser le processus et produire une nomination consciente, œuvrée par le sujet parlant exprimé dans le verbe. Socrate accepte ainsi d'entrer dans les filets du langage : « le philosophe pris dans les filets du langage » (§ 118) ; filets dans lesquels il attire insidieusement ses interlocuteurs qui s'y trouvent pris comme l'insecte dans la toile d'araignée. Que l'on ouvre le filet tissé autour de l'amitié, et plus d'un Lysis s'y perdra. En effet, qui est l'ami ? Est-ce l'aimant ? Est-ce l'aimé ? Aucun d'eux s'ils ne s'aiment réciproquement. Pourtant l'ami en matière de chevaux, de vin et de philosophie, n'est-ce pas l'aimé, même s'il n'aime pas ? Étendons aux contraires et nous avons : l'ennemi n'est pas celui qui hait mais celui qui est haï ; en conclusion : les gens aimés sont aimés par des ennemis et les gens haïs le sont par des amis ; ce qui est absurde, puisque l'ennemi l'est de son ami et l'ami l'est de son ennemi. De cette impossibilité selon la science du pair et de l'impair, il résulte que le possible est le contraire : l'ami est celui qui aime, l'ennemi celui qui hait. Ce qui nous fait l'ami de l'ennemi et l'ennemi de l'ami. Conclusion : l'ami n'est ni celui qui aime, ni celui qui est aimé ; ainsi la recherche se révèle-t-elle mal engagée, bien que le cas de celui qui est à la fois aimant et aimé n'ait pas été discuté. A ce premier examen infructueux, Socrate fait succéder d'autres examens fondés sur de prétendus « théorèmes », comme en mathématiques, mais qui ne sont que des adages ou des citations de poètes. La critique double de la pensée et du langage continue ainsi jusqu'à ce que soit possible la récapitulation suivante : l'ami ce n'est, en fin de compte, ni celui qui aime, ni celui qui est aimé, ni le semblable, ni le dissemblable, ni le bon, ni le méchant, ni le convenable. Les éléments opaques ont été éliminés d'office, car la marche vers la connaissance claire doit procéder par une enquête analytique et unilatérale, engagée soit du point de vue du sujet, soit du point de vue de l'objet : le dialogue aboutit à une solution négative, tandis que paraît évidente la réalité de l'amitié à l'auditeur qui a participé à l'enquête. Par l'exemple du *Lysis*, il ressort que Socrate ne fait rien qu'appliquer au langage l'épreuve du principe mathématique, linguistiquement postulé, et selon lequel les contraires s'excluent : le discours doit donc comporter une proportion arithmétique, une raison, et c'est bien ce que signifie le terme *logos*. L'exigence de vérité a poussé Socrate à avancer, non pas du sens à la référence, mais de la réalité à l'idéalité : c'est ce qui explique sa manière pédagogique d'écouter ; Socrate a mis tout son génie dans l'attitude qui précède tout savoir. Il prépare à la science.

Ainsi l'idée de vérité telle qu'elle est élaborée dans le concours des forces de la civilisation occidentale, telle qu'elle se définit dans la philosophie traditionnelle, enfin telle qu'elle est adoptée et confirmée par la science moderne, est solidaire de l'idée que se fait l'homme de sa destinée. Ce qu'on appelle *humanisme* n'est autre que ce à quoi invitait Socrate, c'est-à-dire le passage de la pensée indéfinie à la pensée définie, avec la conceptualisation rendue consciente, avec la conscience d'un sujet, auteur de la pensée claire et bientôt distincte, avec enfin la formation de l'idée de l'unité de l'homme. Il y a une sorte de pro-jet formateur conçu par Socrate et repris par Aristote dans sa définition de la philosophie : la science de la vérité. La méthode cartésienne elle-même confirme le caractère prospectif de l'idée de vérité si, en effet, comme l'a montré J. Laporte, c'est le succès qui légitime la méthode cartésienne (sinon il faudrait une méthode pour démontrer la méthode elle-même). Mise en œuvre du doute, la méthode cartésienne met en évidence le *cogito* qui permet, écrit M. Gueroult, « de considérer comme (vérité indubitable) tout ce qui possède une évidence comparable ». Il suffit, d'ailleurs, de douter du *cogito* pour qu'il soit vrai ; étant vrai, il fonde ma pensée et donne « un moyen pragmatique de constituer la science [1] ». Le lien logique du langage va lier la vérité. La vérité-évidence va être comprise comme le rapport d'immanence de l'être à la pensée. C'est ainsi que la représentation « vraie » va garantir *a priori* sa conformité à ce qu'elle représente : *veritas intellectus* et *veritas essendi* s'impliquent ici réciproquement.

C'est au fondement ontologique que s'en prend Nietzsche en posant la question radicale sur le sens et la valeur de ce qu'on appelle la vérité même ; le nihilisme radical, le « Dieu est mort », le « toutes les fins sont abolies », sont le fruit d'une véracité mûre, renonçant aux catégories de la raison, sur la base d'une critique du langage menée radicalement par Nietzsche dans les textes que nous publions ici et, en particulier, dans l'exposé suivi : *Sur la vérité et le mensonge au sens extra-moral*. On voit que, si Nietzsche attaque le procès naturel de nomination en partant comme Socrate de la nomination faite naturellement par le langage, ce n'est pas pour « subjectiviser » et rendre ce procès conscient à un sujet qui, réfléchissant,

---

1. M. Gueroult, *Descartes selon l'ordre des raisons*, 2 tomes, Aubier-Montaigne, 1953, tome I, p. 50.

reproduira consciemment les mêmes mouvements linguistiques. C'est à un véritable déchiffrement de signes que procède Nietzsche. Ainsi ce n'est pas l'assurance dialectique qu'il enseigne mais la suspicion envers la fausse sécurité grammaticale, accusant les illusions auxquelles le locuteur donne son crédit sur la foi de l'existence du langage. Nietzsche s'élève ainsi contre la facile vision, contre l'illusion de la conscience du sujet, contre l'assurance de la conscience réflexive, en opposant à ces pseudo-vérités des contre-vérités qui montrent l'homme captif d'une conscience qui n'est même pas conscience intime du corps, « enfermé à l'écart des replis de ses boyaux, du courant rapide de son sang, des vibrations complexes de ses fibres, dans une conscience fière et chimérique ! » (p. 119). Ce n'est que le contrat social (« la conclusion de paix ») qui a fait entrer l'homme dans le règne de l'intellect : « vérité » sera ce qui désormais recevra une « nomination » valable uniformément.

La vérité passe donc ainsi par la grille du langage, qui est un phénomène social. « La vérité apparaît comme un besoin social ; par une métastase elle est ensuite appliquée à tout, même là où elle n'est pas nécessaire » (§ 91). C'est par le nom de la chose nommée que passe donc la vérité, dans une fin sociale ; le menteur « mésuse des conventions fermes au moyen de substitutions volontaires ou d'inversions de noms » (p. 120). Le propre du menteur est qu'il est intéressé, ou, s'il ne l'est pas, on considérera que le propre du menteur est de nuire dangereusement au bien des autres. S'il est honteux de mentir, c'est surtout pour le caractère d'insociabilité qui s'attache au menteur. La société ne lui fera plus confiance et l'exclura ; aussi, ce n'est pas l'illusion en elle-même que les hommes haïssent mais « les conséquences fâcheuses et hostiles de certaines sortes d'illusions » (p. 120). Si avec Nietzsche on examine la quête de la vérité, les critères apparaîtront les mêmes que ceux qui permettent de détecter le mensonge, c'est-à-dire que l'homme « convoite les suites agréables de la vérité, celles qui conservent la vie » (p. 120) et nullement la connaissance pure sans conséquence. C'est pourquoi il est hostile aux vérités destructives, à celles qui tendent à annihiler son espérance dans la validité du concept qu'il a admis en ce qui concerne l'humain. Mensonge et vérité sont donc ramenés par Nietzsche à un *lire* originel, à un déchiffrement fondamental de la genèse des vérités dans le langage, à la compréhension de la formation de la grille du langage, premier labyrinthe par lequel passent les « vérités ». Mentir et dire sont dépassés dans le *lire* originel.

La mise en question du langage, seule médiation de la « vérité », comporte dans son déploiement une généalogie du concept, voire de toute structure diachronique, c'est-à-dire le secret de la structuration inconsciente, ainsi qu'une archéologie du savoir, voire de toute « vérité », c'est-à-dire encore l'illusion et la dissimulation de l'intellect. Le doute quant au langage remet en question les « vérités ». La question s'énonce, comme dans le *Cratyle*, « le langage est-il l'expression adéquate de toutes les réalités ? » (p. 120); cette question s'interpose entre la chose et le mot, vise aussi bien la réalité de la chose que celle du mot. Les conventions du langage sont-elles les couvertures suffisantes des dénominations et des choses ? C'est à la base de la « vérité » qu'il faut « lire » le véritable procès de nomination : le langage procède par transfert de sens, et cela dès sa plus lointaine origine. Les « figures » de rhétorique le prouvent. Nietzsche les connaît pour les avoir enseignées dans ses cours philologiques, dans lesquels il suivait de près Aristote. A la base du *voir* et du *dire* se trouve l'*imitation* qui occasionne la métaphore. « Transposer une excitation nerveuse en une image ! Première métaphore. L'image à nouveau transformée en un son articulé ! Deuxième métaphore ! » (p. 121). Il y a transfert dû à l'imitation qui entraîne le passage d'un sens à l'autre, d'une sphère à l'autre, de l'excitation nerveuse à l'image sensorielle, de l'image au *mot*, traduisant lui-même tous ces phénomènes intermédiaires, étant lui-même l'intermédiaire qui, peu à peu, dans l'esprit, prendra la place de la chose elle-même. Les métaphorisations successives sont censées traduire la cause spatiale et lui équivaloir. Les phénomènes primitifs sont universalisés dans les figures de rhétoriques. « Les tropes ne sont-ce pas des raisonnements inconscients sur lesquels reposent nos perceptions sensibles ? Identifier le semblable avec le semblable, découvrir quelque ressemblance entre une chose et une autre chose, c'est le processus original » (§ 144). De même la *synecdoque* fait intervenir une perception partielle pour l'intuition complète, la *métaphore* transpose le temps sur l'espace et l'espace sur le temps, la *métonymie* procède à l'échange entre cause et effet. Les concepts qui doivent leur naissance originellement à notre sensation sont présupposés comme *étant* l'essence intime des choses. Mais pour Nietzsche, la « vérité » du concept, comme celle d'ailleurs de toute structure intellective, est un événement du *langage*. A partir du mot comme représentation sonore d'un événement physiologique (l'excitation nerveuse), on ne peut légitimement inférer une cause spatiale de l'excitation nerveuse.

Seule, « la législation du langage donne même les premières lois de la vérité » (p. 119). Cette impossibilité de passer de l'idée d'une chose extérieure à la chose elle-même est ce qui commande la démarche de la troisième méditation cartésienne, qui peut instituer cependant, à partir de l'idée de Dieu, l'existence et la véracité divines. Mais, se tenant sur le plan de la représentation, Descartes néglige d'interroger la réalité du nom, tandis que Nietzsche interroge le nom lui-même, ébranle la réalité de la chose désignée. Comment le langage se légitime-t-il lui-même ? En effet, à supposer que la vérité fût déterminante dans la genèse du langage, c'est-à-dire la certitude dans le dénommer originel et dans le procès de nomination, d'où nous viendrait ce droit subjectif que nous semblons avoir de prononcer ne fût-ce qu'une phrase aussi simple que « la pierre est dure » (p. 120) ? Il est clair pour Nietzsche que la « vérité » ne peut légitimer le langage, tandis qu'inversement celui-ci motive au contraire les lois de la pseudo-vérité dans l'opération métaphorique originelle, qui préside donc au processus nominatoire déterminant postérieurement la réflexion. Si le point de départ du langage est une excitation nerveuse, le passage de celle-ci au mot sera le premier pas du procès de nomination : ce mot sera la copie, l'image de la cause spatiale présumée. Ce sont donc les problèmes mêmes du *Cratyle* que soulève ainsi Nietzsche en examinant cependant dans leur rapport entre elles les deux thèses opposées concernant la justesse naturelle et le caractère conventionnel des noms, en face de la justesse authentique de la Forme, mise en doute par Nietzsche. Ce *fossé*, que Descartes avait franchi en posant les termes sur le plan de la représentation ou de la pensée des Formes (c'est-à-dire en partant du *cogito*), réapparaît infranchi avec Nietzsche qui considère la *chose* et le *mot* comme des postulats également illégitimes. Pour Descartes penser l'*idée* de Dieu, c'est appréhender l'*existence* de Dieu, qui permettra le lien nécessaire entre les choses et les idées des choses. Mais, si au lieu du *je pense* il avait eu conscience d'un *je nomme* dissocié de l'être de la représentation, nommer Dieu, lui eût-il été de quelque secours ? Dissocier le nom de Dieu de la pensée de Dieu ou de l'idée de Dieu, c'eût été perdre la garantie extérieure à la fois en ce qui concerne l'existence de Dieu et en ce qui concerne celle des choses extérieures ou de l'homme lui-même. Avec Nietzsche, le problème du langage est donc repris à sa base, c'est-à-dire à l'étape du *Cratyle*, mais pour être ensuite étendu au problème de l'existence des choses impliquées dans le langage, c'est dire que Nietzsche ne dissocie pas la question du langage de celle de la véracité, qu'il pose hors du préjugé de la valeur fondatrice de la Forme.

De la *métaphore*, prise dans son sens le plus général, Nietzsche fait donc le *modèle* du langage, dans le rapport du langage à la vérité. Il touche par là au problème de la causalité, issu de l'existence du mot. Ainsi, « d'abord naît le mot pour l'action, de là le mot pour la qualité. Cette relation reportée sur toutes les choses, c'est la causalité » (§ 139). De « voir », nous passons à « vision » et le « voyant » nous apparaît comme la cause du « voir » (§ 139). La causalité est le résultat d'une transposition, elle a autant d'être que la vérité, et, comme elle, elle est issue de l'usage du langage. Nous avons des « sensations de causalité » qui nous font prendre pour actif ce qui est passif et nous font confondre l'excitation et l'activité. Tout ce qui est dans un état d'excitation, comme l'œil quand il voit, nous le jugeons dans un état d'activité et « voir » nous paraît être efficace et d'une efficacité causale. La causalité est une métaphore (§ 140), comme d'ailleurs l'espace et le temps : « temps, espace, causalité ne sont que des métaphores de la connaissance avec lesquelles nous interprétons les choses » (§ 140). La réalité est donc partout la même : interprétation mais non vérité de l'interprété pas plus que de l'interprétant. Au sein de la multiplicité du devenir, nous ne pouvons que chercher à nous repérer ; le moyen le plus « pratique » en est de faire des catégories, des rubriques, sous lesquelles nous classerons les événements, les choses, les actions : un même *chapeau* couvre une multiplicité de choses, telle est l'abstraction. Comme Thalès, on en viendra à dire que ce qui comprend la multiplicité des choses est la catégorie de l'*aqueux* (§ 141). La raison est donc commandée par « les *figures de rhétorique* (c'est-à-dire l'essence du langage) » qui ne sont autres que « de faux syllogismes » (§ 142). Le langage est né illogiquement : le vrai est le fruit de l'illusion inconsciente. Aussi, le pathos de la vérité « énonce seulement qu'*aucune illusion consciente* n'est commise » (§ 143). Socrate a remarqué « l'infinie difficulté de dénommer justement » (§ 143). Où voyons-nous les images, où entendons-nous les sons ? Ce n'est qu'*en nous :* le monde « extérieur » nous échappe mais nous l'instituons par le phénomène d'*imitation :* « L'imitation suppose une réception et alors une transposition de l'image reçue en mille métaphores, toutes efficaces » (§ 147). On voit quel rôle joue la *métaphore* : elle devient, à l'analyse, le *modèle* de toute connaissance. Car « il n'y a pas d'expression 'intrinsèque' et *pas de connaissance 'intrinsèque' sans métaphore* » (§ 149). Les univers métaphoriques peuvent combattre les uns contre les autres, c'est alors qu'il y aura débat de la vérité, et que naîtra le *pathos de l'instinct de vérité* suscité à propos du mensonge ou du rêve. L'exception sera combattue au nom de la métaphore admise, telle est la « force » de la vérité : elle réside dans l'habituel, c'est-à-dire dans la force de l'habitude. Parfois, le mensonge sera au contraire senti comme plein de séduction et sera alors appelé « poésie » (§ 149). Dénommer, établir des genres, des rubriques, des catégories : notre connaissance ne procède pas autrement que le langage mais « l'essence des choses » répond-elle au procès de nomination ? L'arbre existe-t-il ? « Il est arbitraire de découper ainsi une chose (d'après l'œil, d'après la forme), cette relation n'est pas la vraie relation absolue, mais elle est encore teintée d'anthropomorphisme » (§ 150)[1].

Essentiellement interprétation et traduction, créer la métaphore est l'acte de donner un signe, de signifier au moyen de mots et de concepts, de *désigner* et, enfin, de *représenter*. Aussi la métaphore ne peut-elle être légitimée en elle-même, sinon elle serait la pure vérité sans conséquence. Dire la vérité c'est donc « employer les métaphores usuelles » (p. 123), c'est encore « le fait de former des nominations correctes et de ne jamais pécher contre l'ordre des castes et la série des classes » (p. 124-125). Pourtant en « connaissant », nous prétendons procéder autrement que par métaphore, nous prétendons « maintenir l'impression sans métaphore et sans conséquences » (§ 149). Mais l'impression est « pétrifiée » (§ 149) et c'est ainsi que naît le concept qui n'est qu'une impression « momi-

---

1. Cf. *Par-delà le Bien et le Mal*, § 192.

fiée et conservée » (§ 149). Mais connaître, c'est « travailler dans des métaphores qui sont le plus en vogue, c'est donc une façon d'imiter qui n'est plus sentie comme imitation » (§ 149). La nomination est toujours formalisation et vise le terme ultime d'une « chose en soi » que représente le nom commun : essences et formes sont identifiées, il y a *métonymie* (§ 152). Qu'est-ce qu'un jugement synthétique ? Une métonymie, c'est-à-dire une fausse équation. « Le concept 'crayon' est confondu avec la chose 'crayon' » (§ 152). Deux sphères sont identifiées par transposition illégale. De même, « nous parlons d'un 'serpent' : la désignation n'atteint rien qu'un mouvement de torsion et pourrait donc convenir aussi au ver » (p. 121). Cette opacité et cette obliquité du langage ont été vues par Merleau-Ponty, après Mallarmé : « La parole vraie, celle qui signifie, qui rend enfin présente 'l'absence de tous bouquets' et délivre le sens captif dans la chose, elle n'est, au regard de l'usage empirique, que silence, puisqu'elle ne va pas jusqu'au nom commun [1]. » C'est ce que confirme, d'ailleurs, Todorov : « le caractère propre du discours [...] le rend opaque [2]. » A la limite, un discours sans figures est inexistant tellement il est transparent.

De la nomination à la conceptualisation le pas est imperceptible car la nomination est déjà, par essence, conceptualisation ou formalisation, dans la mesure où elle devient valable uniformément pour tous ceux qui reprennent le même mot comme signe dans leur discours. L'identité de sens d'un même signe verbal est postulée pour désigner plusieurs situations jugées analogues ou identiques et c'est cette identité qui donne naissance au concept, à l'idée générale et abstraite : « Tout mot devient immédiatement un concept par le fait qu'il ne doit pas servir justement pour l'expérience originale, unique, absolument individualisée, à laquelle il doit sa naissance, c'est-à-dire

1. M. Merleau-Ponty, *Signes*, Gallimard, 1960, p. 56.
2. T. Todorov, *Littérature et signification*, Larousse, 1967, p. 102.

comme souvenir, mais qu'il doit servir en même temps pour des expériences innombrables, plus ou moins analogues, c'est-à-dire, rigoureusement parlé, jamais identiques et il ne doit donc convenir qu'à des cas différents » (p. 122). L'identité postulée fonde donc la fonction sémantique du langage et, par là même, la possibilité du concept, de la même façon que les mathématiques ne sont possibles que si A = A. La formalisation ne peut elle-même s'opérer qu'en vertu d'une croyance à la *consistance* de la « forme ». Tout mot est donc concept dès qu'il peut être utilisé pour deux expériences analogues : tout concept naît par le poser-égal d'un non-égal. Bien qu'une feuille ne soit semblable à aucune autre feuille, le concept de feuille devient logiquement possible, « comme s'il y avait dans la nature quelque chose qui serait la 'feuille', une sorte de forme originelle, selon laquelle toutes les feuilles seraient tissées, dessinées, cernées, colorées, crêpées, peintes » (p. 122). Aussi, parce qu'il y a la forme, la structure immuable de la feuille, les feuilles sont-elles possibles. « La feuille est la cause des feuilles » (p. 122). Cette idée de la feuille-structure provient d'après Nietzsche d'une vue superficielle et extérieure des choses ; en effet, « notre entendement est une force de surface, il est *superficiel* » (§ 54). Les structures qui sont nos « vérités » ne sont que « des métaphores qui ont été usées et qui ont perdu leur force sensible » (p. 123). Là où cesse la force, naît la forme. Nietzsche ne peut que dénigrer la forme au bénéfice de la force, jaillissement authentique de la vérité radicale de l'expérience vécue unique. Toutefois cette faculté de passer de la métaphore intuitive au schéma consistant pour former le concept est ce qui distingue l'homme de l'animal, c'est la « capacité de faire se volatiliser les métaphores intuitives en un schème, donc de dissoudre une image dans un concept » (p. 124). Les structures inventées par l'homme sont aussi ses fictions. En un sens, « toute dénomination est une tentative pour parvenir à l'image » (§ 55). Au fondement même de la nomination Nietzsche discerne un procédé artiste : l'intelligible est œuvre d'art, peut-être même le fait biologique puisque « nos sens imitent la nature » (§ 147), et le fait chimique (§ 52).

Les schèmes intellectuels sont généraux, fermes, connus, régulateurs, impératifs. Face au monde simplement vécu, ils caractérisent le monde pensé. C'est à partir des schèmes que s'élève la *pyramide du savoir* (*cf. La Naissance de la tragédie*). L'intuition précède et exclut la dénomination : mais le visible s'impose dans la mesure où l'homme peut lui imposer la forme du dicible. Dicible, le schème sert à la construction des concepts, à leur rigide régularité, mais c'est le visible à même l'indicible, la métaphore intuitive, qui est la matrice de la structure dite, faite concept, « le concept en os et octogonal comme un dé » (p. 124), essentiellement amovible, interchangeable, d'autant plus disponible qu'il est signe plus achevé. Nietzsche appréhende cette structure conceptuelle comme l'effet d'un durcissement et d'un raidissement d'une « masse d'images, surgissant, en un flot ardent, de la capacité originelle de l'imagination humaine » (p. 126). Qu'est-ce alors que la vérité dans le jeu de dés des concepts ? C'est « le fait d'utiliser chaque dé selon sa désignation » (p. 124). La théorie du concept, telle que Nietzsche la conçoit, est une théorie de la structure : en fait, Nietzsche conçoit deux structures ou deux systèmes transcendant l'individu : le *langage* et la *science*. Nietzsche, en effet, conçoit le *concept*, ou la structure conceptuelle, comme un *columbarium*[1], ou comme un *temple*. Nous avons noté l'analogie du *trièdre* de Foucault et de la *pyramide de savoir* de Nietzsche (voir *Les Mots et les Choses* et *La Naissance de la tragédie*), notons maintenant l'analogie de ce que Foucault nomme l'*épistémè* à ce qui apparaît chez Nietzsche dans l'exposé *Sur la vérité et le mensonge dans un sens extra-moral* comme le rapport de la pensée d'une collectivité quelconque à une structure préfor-

---

1. Niche destinée à recevoir les urnes funéraires.

mée à l'insu même de cette collectivité : « Comme les Romains et les Étrusques divisaient le ciel par de rigides lignes mathématiques et, dans un espace délimité ainsi qu'en un *templum,* conjuraient un dieu, de même chaque peuple a au-dessus de lui un tel ciel de concepts mathématiquement répartis et, sous l'exigence de la vérité, il entend désormais que tout dieu conceptuel ne soit cherché nulle part ailleurs que dans *sa* sphère » (p. 125).

Véritable architectonique, cette formalisation prend la forme d'un dôme complexe, « le dôme conceptuel infiniment compliqué » (p. 125). Cette véritable structure est d'ailleurs vue par Nietzsche à la fois synchroniquement et diachroniquement puisque, comme il l'écrit, ainsi bâtie, elle doit être « une construction comme faite de fils d'araignée, assez fine pour être transportée avec le flot, assez solide pour ne pas être dispersée au souffle du moindre vent » (p. 125). Ainsi, structure transportée mais ferme, elle a pour Nietzsche le mouvement de la diachronie et la consistance de la synchronie. L'homme crée cette structure en tant qu'il n'est plus *sujet :* c'est le langage et c'est la science qui travaillent ainsi « à la construction des concepts » (p. 129) : « Ce n'est que par le fait que l'homme s'oublie en tant que sujet, et ce en tant que *sujet de la création artistique,* qu'il vit avec quelque repos, quelque sécurité et quelque conséquence » (p. 126). L'homme, en fait, est le véritable créateur, mais il doit l'oublier, vivre dans l'inconscience du sujet. Sa conscience de soi est pure illusion : là apparaît la critique nietzschéenne de la représentation, que l'on trouve aussi dans *La Naissance de la tragédie* qui montre que le véritable sujet n'est pas le sujet individuel [1]. La prétendue réflexion individuelle n'est plus que le produit du langage et de la science,

---

1. *Kröner I*, p. 44, trad. : « Le sujet, l'individu voulant et menant à bonne fin ses intentions égoïstes, ne peut être conçu que comme l'adversaire et non comme l'origine de l'art. »

devenus peu à peu les seuls sujets[1]. Ainsi, la « structure » désubjectivise le penseur individuel : « La science travaille sans cesse à ce grand columbarium des concepts, au sépulcre des intuitions, et construit toujours de nouveaux et de plus hauts étages » (p. 129). La pyramide du savoir est donc *épistémè* (trièdre des savoirs), structure d'un monde conceptuel préconstitué, antérieur au sujet parlant et pensant.

L'homme de la structure n'est pas sujet, il appartient aux générations produisant un million de fois et plus la même image, ou peut-être désignant seulement par un signe une image qui ne se reproduit plus. Toutefois, Nietzsche oppose à la structure *le rythme* de l'existence dans le supplément au langage qu'est la musique (§ 111) qui rend ce que le langage ne peut rendre, la *force créatrice*. « C'est une force en nous qui nous fait percevoir avec intensité les *grands traits* de l'image du miroir, et de nouveau c'est une force qui met l'accent sur le même rythme par-delà l'imprécision réelle » (§ 55). Nietzsche discerne deux sortes de forces à l'origine de la pensée consciente : « 1. la force qui produit la profusion d'images ; 2. la force qui choisit le semblable et l'accentue » (§ 63). Cette double force est artiste (§ 64). Car, il n'y a pas assez de raisons valables pour que « le durcissement et le raidissement d'une métaphore (soit une garantie) en ce qui concerne la nécessité et l'autorisation exclusive de cette métaphore » (p. 127). Tout à la fois Nietzsche constate et dénonce la capacité structurelle de l'homme. D'une part, en effet, il montre en somme la fatalité du structuralisme, d'autre part, il suggère la possibilité d'une rupture de rythme, la possibilité d'un retour au temps radical, écriture radicalement humaine d'une image indicible mais vécue et scandée dans l'existence. S'élevant contre la science anthropo-

---

1. Cf. E. Benveniste, *Problèmes de linguistique générale*, Gallimard, 1966, p. 259 : « C'est dans et par le langage que l'homme se constitue comme *sujet* ; parce que le langage seul fonde en réalité, dans *sa* réalité qui est celle de l'être, le concept d' « ego ».

morphique, Nietzsche propose de renoncer au dogmatisme de ses « vérités », et dénonce par la démythification le jeu complexe des structurations dont l'homme est le jouet inconscient. Langage et science vont leur chemin sur la lancée des métaphores primitives, sans que l'homme ne songe à un contrôle des valeurs.

C'est pourquoi Nietzsche souhaite une nouvelle génération de philosophes aptes à déchiffrer le texte original. S'il n'y a pas de sujet réel propre au *cogito*, c'est parce que le véritable sujet a été refoulé ; mais peut-il être reconquis au niveau des premières métaphores qui nous sont à jamais perdues, visions circonstanciées et uniques, restées irréfléchies, impensées ? Sondant les régions étendues hors du visible et du dicible, grosses de ce qu'aurait pu être l'homme, nous pouvons nous demander si, là encore, nous ne serions pas les jouets d'un monde préfiguré, non plus par Socrate, mais par Nietzsche. N'ayant pas échappé à la pyramide de Socrate, comment échapperions-nous à l'abîme dionysien de Nietzsche ? Le jeu esthétique est ce que Nietzsche nous propose en face du jeu des structures. L'instinct métaphorique fondamental qui caractérise donc l'homme, d'après Nietzsche, peut aussi bien, au lieu de se diriger vers les concepts, s'orienter vers le royaume enchanté du mythe et de l'art. Telle est la conversion de Nietzsche. Le jeu de l'art consiste à confondre les échafaudages, les nominations, les cellules, les superstructures conceptuelles, et à instaurer de nouvelles métaphores et de nouvelles métonymies. Libéré, l'entendement se livre à la dissimulation effrénée et « célèbre ses Saturnales », rendant à l'illusion sa force première. La structure épistémologique elle-même est reprise par l'intellect qui n'exerce plus sa « dissimulation » pour la survie de l'homme mais pour elle-même. La bastille structurelle devient le matériau du jeu de la dissimulation pour elle-même. La loi de l'intuition supplante la loi du concept. L'expression adéquate à l'intuition est la métaphore interdite, insolite, unique. Ce peut être l'articulation conceptuelle inouïe régie par un langage soumis à la « puissante intuition du présent » (p. 132). Prévoyance, sagesse, régularité sont dépassées, au profit de la beauté et de « la vie déguisée » (p. 132). Pour concevoir ces temps à venir, il faut savoir que les signes nés du travail de la structure sont aussi surtout les enfants de la nécessité, de l'aliénation et du malheur, tandis que les choses de l'art apparaissent comme les chefs-d'œuvre vus dans le bonheur.

Enfin, cette tâche que Nietzsche semble ne pas finir de se préciser à lui-même, peut paraître dérisoire si l'on s'en tient aux lignes générales, quand il écrit qu'elle est « de montrer comment la vie, la philosophie et l'art peuvent avoir l'une envers l'autre une relation de profonde parenté, sans que la philosophie devienne plate ni la vie du philosophe mensongère » (§ 193). En fait, plate est pour Nietzsche la philosophie de la représentation, mensongère la vie du philosophe qui systématise les éléments de la représentation dans l'ignorance de la réalité du *Soi* ou du corps [1]. Mais encore, une notion est appelée à jouer un rôle dans le développement de l'humanité, c'est la notion d'impossible puisque : « C'est sur l'impossible que l'humanité se perpétue » (§ 136), car il est le « correctif de l'homme » (§ 176).

Aussi nous sommes convaincue que les textes que nous présentons permettront au moins de rêver à ces terres inconnues des métaphores indicibles et encore impensées auxquelles, à notre insu, nous tendons comme vers l'impossible, avec toutefois le sentiment que nous les avons ressenties dans la nuit du passé de l'humanité. « Peut-être l'homme ne peut-il rien oublier » (§ 66).

Angèle KREMER-MARIETTI.

---

1. Cf. *Ainsi parlait Zarathoustra*, I, Des contempteurs du corps.

LE LIVRE DU PHILOSOPHE *

* Réédition corrigée des traductions de 1969 et 1978, chez Aubier-Flammarion (bilingue).

I

LE DERNIER PHILOSOPHE
LE PHILOSOPHE
CONSIDÉRATIONS SUR LE CONFLIT
DE L'ART ET DE LA CONNAISSANCE
(automne-hiver 1872)

16

A bonne hauteur c'est tout un : tout ensemble les pensées du philosophe, les œuvres de l'artiste et les bonnes actions.

17

Il faut montrer comment la vie entière d'un peuple réfléchit de façon impure et confuse l'image que présentent ses plus grands génies : ceux-ci ne sont pas le produit de la masse, mais la masse montre leur répercussion.
Ou bien quel est le rapport ?
Il y a un pont invisible d'un génie à l'autre — voilà la véritable « histoire » objective d'un peuple, tout autre est variation innombrable et fantomatique dans une matière plus mauvaise, copies de mains malhabiles.
Ce sont aussi les forces éthiques d'une nation qui se montrent dans leurs génies.

18

Dans le monde splendide de l'art — comment ont-ils philosophé[1] ? Lorsqu'on atteint un accomplissement de la vie, le philosopher cesse-t-il ? Non, c'est alors seulement que commence le véritable philosopher. Son jugement *sur l'existence en dit plus* parce qu'il a devant lui l'accomplissement relatif, tous les voiles de l'art et toutes les illusions.

19

Dans le monde de l'art et de la philosophie l'homme travaille à une « immortalité de l'intellect ».

La Volonté seule est immortelle[2] ; comparée à elle, combien paraît misérable cette immortalité de l'intellect réalisée grâce à la culture qui présupppose des cerveaux humains : — on voit à quel rang cela vient pour la nature.

Mais comment le génie peut-il être en même temps le but suprême de la nature ? La *survie par l'histoire* et la survie par la *procréation*.

Ici la procréation platonicienne dans le beau — donc pour la naissance du génie le dépassement de l'histoire est nécessaire, elle doit se plonger et s'éterniser dans la beauté.

Contre *l'historiographie iconique !* Elle a en elle un élément barbarisant.

Elle ne doit parler que de ce qui est grand et unique, du modèle.

C'est ainsi que se comprend la tâche de la nouvelle génération philosophique.

Les grands Hellènes du temps de la tragédie n'ont rien de l'historien en soi.

20

L'instinct de la connaissance sans discernement est semblable à l'instinct sexuel aveugle — signe de *bassesse*[3] !

21

Le philosophe ne se tient pas aussi absolument éloigné du peuple qu'une exception : la Volonté veut aussi quelque chose de lui. L'intention est la même que dans l'art — sa propre transfiguration et sa propre rédemption. La Volonté *tend à la pureté et à l'ennoblissement* : d'un échelon à l'autre.

22

Les instincts qui distinguent les Grecs des autres peuples s'expriment dans leur philosophie. Mais ce sont justement leurs instincts *classiques*.
Importante leur façon de s'occuper de l'histoire.
La dégénérescence progressive du concept d'historien dans l'Antiquité — sa dissolution dans la curiosité omnisciente.

23

Devoir : connaître la *téléologie* du génie philosophique. N'est-il réellement qu'un voyageur apparaissant fortuitement ? En tout cas, lorsqu'il est authentique, il n'a rien à faire avec la situation politique fortuite d'un peuple, au contraire, par rapport à ce peuple il est *intemporel*. Mais de ce fait il n'est pas lié fortuitement à ce peuple — ce qui est spécifique chez le peuple se manifeste ici en tant qu'individu et, en effet, l'instinct populaire est expliqué comme *instinct universel* et sert à la solution des énigmes universelles. La nature réussit par la *séparation* à considérer ses instincts à l'état pur. Le philosophe est un moyen de parvenir au repos dans le courant incessant, de prendre conscience, au mépris de l'infinie pluralité, d'être le type permanent.

24

Le philosophe[4] est une façon de se manifester qu'a l'atelier de la nature — le philosophe et l'artiste parlent des secrets de métier de la nature.

Au-dessus du tumulte de l'histoire contemporaine, la sphère du philosophe et de l'artiste prospère à l'abri de la nécessité.

Le philosophe en tant que *frein de la roue du temps.*

C'est aux époques de grand péril qu'apparaissent les philosophes — au moment où la roue tourne de plus en plus vite — eux et l'art prennent la place du mythe disparaissant. Mais ils s'élancent longtemps à l'avance car l'attention des contemporains ne se tourne que lentement vers eux.

Un peuple qui devient conscient de ses dangers produit le génie[5].

25

Après Socrate le Bien général n'est plus à sauver, de là l'éthique individualisante qui veut sauver les individus.

L'instinct, sans mesure et sans discernement, de la connaissance, avec un arrière-plan historique, est un signe que la vie a vieilli : il y a un grand danger que les individus deviennent vils, c'est pour cette raison que leurs intérêts se lient avec force à des objets de connaissance, n'importe lesquels. Les instincts généraux sont devenus si faibles qu'ils ne brident plus l'individu.

Le Germain a transfiguré grâce aux sciences toutes ses limitations en les transférant : fidélité, modestie, modération, application, netteté, amour de l'ordre sont autant de vertus familiales ; mais aussi l'absence de formes, tout ce qu'il peut y avoir d'inanimé dans la vie, la mesquinerie — son instinct illimité de connaissance est la conséquence d'une vie indigente : sans cet instinct il deviendrait mesquin et méchant et il en est souvent ainsi malgré cet instinct.

Il nous est maintenant donné une forme supérieure de vie[6], un arrière-plan de l'art — maintenant la conséquence immédiate est aussi un instinct de la connaissance plus sévère, en un mot la *philosophie*.

Terrible danger : que cette agitation politique à l'américaine et cette inconsistante civilisation d'érudits ne fusionnent.

26

La *beauté* émerge à nouveau comme force dans l'instinct de la connaissance devenu difficile.

Suprêmement remarquable que Schopenhauer *écrive bien*. Sa vie a aussi plus de style que celle des universitaires — mais les circonstances en sont troublées !

Personne ne sait maintenant à quoi ressemble un bon livre, il faut le montrer : ils ne comprennent pas la composition. La presse en ruine toujours davantage le sentiment.

Pouvoir retenir le sublime !

27

Contre l'historiographie iconique et contre les sciences de la nature il est besoin de forces *artistes* prodigieuses.

Que doit faire le philosophe ? Au sein du fourmillement, mettre l'accent sur le problème de l'existence, surtout sur les problèmes éternels.

Le philosophe doit *reconnaître ce qui fait besoin* et l'artiste doit le *créer*. Le philosophe doit sympathiser le plus profondément avec la douleur universelle : comme les anciens philosophes grecs, chacun exprime une détresse : là, dans cette lacune, il insère son système. Il construit son monde dans cette lacune[7].

28

Rendre claire la différence entre l'effet de la philosophie et celui de la science : et également la différence de leur genèse.

Il ne s'agit pas d'un anéantissement de la science, mais de sa *maîtrise*. Dans toutes ses fins et toutes ses méthodes elle dépend à vrai dire entièrement de vues philosophiques, mais elle l'oublie facilement. Mais *la philosophie dominante doit aussi prendre en considération le problème de savoir jusqu'à quel degré la science peut se développer : elle a la valeur à déterminer !*

29

Preuve des effets *barbarisants* des sciences. Elles se perdent facilement au service des « intérêts pratiques ».

Valeur de Schopenhauer, parce qu'il rappelle à la mémoire de *naïves* vérités *générales :* il ose énoncer élégamment de prétendues « trivialités ».

Nous n'avons pas de philosophie populaire noble, parce que nous n'avons pas de concept noble du *peuple*** (publicum). Notre philosophie populaire est pour le *peuple***, pas pour le *public*.

30

Si nous devons jamais réussir une civilisation, il nous faut des forces d'art inouïes pour briser l'instinct illimité de connaissance, pour recréer une unité. *La dignité suprême du philosophe se montre là où il concentre l'instinct illimité de connaissance et le contraint à s'unifier.*

---

* En français dans le texte.

31

C'est ainsi qu'il faut comprendre les plus anciens philosophes grecs, ils maîtrisent l'instinct de connaissance. Comment cela se fit-il qu'à partir de *Socrate* il tomba peu à peu de leurs mains ? D'abord nous voyons même chez *Socrate et son école* la même tendance : on doit le restreindre du fait que chaque individu a pris son *bonheur* en considération. C'est une phase dernière peu élevée. Autrefois il ne s'agissait pas des *individus* mais des *Hellènes*.

32

Les grands philosophes de l'Antiquité appartiennent à la *vie générale de l'hellénisme*[8] : après *Socrate* il se forme des *sectes*. Peu à peu la philosophie laisse tomber de ses mains les rênes de la science.

Au Moyen Age la théologie prend en main les rênes de la science : alors dangereuse époque d'émancipation.

Le Bien général veut à nouveau une *maîtrise* et par là en même temps une élévation et une concentration[9].

Le *laisser-aller** de *notre science,* comme dans certains *dogmes d'économie politique :* on croit à un succès absolument salutaire.

Kant a eu, en un certain sens, une fâcheuse influence : car la croyance à la métaphysique a été perdue. Nul ne pourra compter sur sa « *chose en soi* » comme si elle était un principe régulateur.

Nous comprenons maintenant la merveilleuse apparition de *Schopenhauer :* il assemble tous les éléments qui servent encore à la maîtrise de la science. Il en vient aux problèmes originels les plus profonds de l'éthique et de l'art, il soulève la question de la valeur de l'existence.

---

* En français dans le texte.

Merveilleuse unité de Wagner et de Schopenhauer ! Ils sont issus du même instinct. Les qualités les plus profondes de l'esprit germanique s'apprêtent ici au combat : comme chez les Grecs.

Retour de la *circonspection*.

33

Ma tâche : *appréhender la connexion interne et la nécessité de toute vraie civilisation*. Le remède préventif et curatif d'une civilisation, le rapport de celle-ci au génie du peuple. La conséquence de ce grand monde de l'art est une civilisation : mais souvent, du fait de contre-courants hostiles, on ne parvient pas à l'harmonie d'une œuvre d'art.

34

La philosophie doit tenir ferme *le courant spirituel* à travers les siècles : par là l'éternelle fertilité de tout ce qui est grand.
Pour la science il n'y a ni grand ni petit — mais pour la philosophie ! A ce principe se mesure la valeur de la science.
Le maintien du sublime !
A notre époque, quel manque extraordinaire de livres qui respirent une force héroïque ! On ne lit même plus Plutarque !

35

Kant dit (dans la deuxième préface de la *Critique de la raison pure*) : « *Je devais supprimer le savoir pour faire place à la croyance ;* le dogmatisme de la métaphysique, c'est-à-dire le préjugé d'avancer dans la métaphysique sans la critique de la raison pure, telle est la véritable source de toute incroyance résistant à la moralité et qui est toujours très dogmatique. » Très important ! Un besoin de civilisation l'a poussé !

Singulière antithèse « *savoir et croyance* ». Qu'en auraient pensé les Grecs ! *Kant ne connaissait pas d'autre antithèse ! mais nous !*

Un besoin de civilisation pousse Kant : il veut préserver un domaine *du savoir*, domaine où se trouvent les racines de tout ce qu'il y a de plus élevé et de plus profond, l'art et l'éthique — Schopenhauer.

D'autre part, il rassemble *tout ce qui est pour toujours digne d'être su* — la sagesse populaire et humaine (point de vue des Sept Sages, philosophes populaires de la Grèce). Il analyse les éléments de cette croyance et montre combien la foi chrétienne, justement, satisfait peu le besoin le plus profond : la question de la valeur de l'existence !

36

Le combat du savoir avec le savoir !
Schopenhauer appelle lui-même l'attention sur la pensée et le savoir inconscients.

La maîtrise de l'instinct de la connaissance — si elle est favorable à une religion ? ou à une civilisation artistique, cela doit maintenant se montrer ; je me tiens du second côté.

J'y ajoute la question de la *valeur* de la connaissance historique *iconique* et de celle de la *nature*.

Chez les Grecs c'est la maîtrise au profit d'une civilisation artistique (et d'une religion ?), la maîtrise qui veut prévenir un total déchaînement : nous voulons à nouveau retenir le totalement déchaîné.

37

Le philosophe de la connaissance tragique[10]. Il maîtrise l'instinct effréné du savoir, non pas par une nouvelle métaphysique. Il n'établit aucune nouvelle croyance. Il ressent tragiquement que le terrain de la métaphysique lui est retiré et il ne peut pourtant se satisfaire du tourbillon bariolé des sciences. Il travaille à l'édification d'une *vie* nouvelle : il restitue ses droits à l'art.

Le philosophe de la *connaissance désespérée* est emporté par une science aveugle : le savoir à tout prix.

Pour le philosophe tragique s'accomplit *l'image de l'existence* selon laquelle tout ce qui est du ressort de la métaphysique apparaît comme n'étant qu'anthropomorphique. Ce n'est pas un *sceptique*.

Il faut créer ici un concept : car le scepticisme n'est pas le but. L'instinct de la connaissance, parvenu à ses limites, se retourne contre lui-même pour en venir à la *critique du savoir*. La connaissance au service de la vie la meilleure. On doit *vouloir* même *l'illusion* — c'est là qu'est le tragique.

38

Le dernier philosophe — ce sont peut-être des générations entières. Il n'a qu'à aider à *vivre*. « Le dernier », cela est naturellement relatif. Pour notre monde. Il démontre la nécessité de l'illusion, de l'art et de l'art dominant la vie. Il ne nous est pas possible de produire à nouveau une lignée de philosophes telle que le fit la Grèce au temps de la tragédie. C'est *l'art* seul qui accomplit désormais leur tâche. Un tel système n'est plus possible que comme *art*. Du point de vue actuel une période entière de la philosophie grecque tombe aussi dans le domaine de l'art.

39

La maîtrise de la science ne se produit désormais plus que par l'*art*. Il s'agit de *jugements de valeur* sur le savoir et le beaucoup-savoir. Tâche immense et dignité de l'art dans cette tâche ! Il doit tout recréer et *remettre tout seul la vie au monde*. Ce dont il est capable, les Grecs nous le montrent : si nous ne les avions pas, notre foi serait chimérique.

Si une religion peut se construire ici, dans le vide, dépend de sa force. Nous nous sommes tournés vers la civilisation : le « germanique » en tant que force rédemptrice !

En tout cas la religion qui en serait capable devrait comporter une *force d'amour* prodigieuse : force susceptible de briser le savoir comme il se brise au langage de l'art.

Mais peut-être l'art aurait-il même en son pouvoir de se créer une religion, d'engendrer le mythe ? Tout comme chez les Grecs.

40

Les philosophies et les théologies qui sont maintenant anéanties continuent à agir encore et toujours dans les sciences : même si les racines sont mortes, il reste encore dans les rameaux un temps de vie. L'*historique* s'est particulièrement développé contre le mythe théologique, mais aussi contre la philosophie : la *connaissance absolue* célèbre ses saturnales ici et dans les sciences physiques mathématiques ; le minimum qui puisse y être réellement fait vaut plus que toutes les idées métaphysiques. Le degré de *certitude* détermine ici la valeur, non le degré de *nécessité absolue* pour les hommes. C'est le vieux conflit de la *croyance* et du *savoir*.

41

Ce sont là préoccupations barbares.

A présent la philosophie ne peut plus que mettre l'accent sur la *relativité* de toute connaissance et sur son *anthropomorphisme*, comme sur la force partout dominante de l'*illusion*. Ce faisant, elle ne peut plus retenir l'instinct effréné de la connaissance qui consiste, toujours davantage, à *juger* selon le degré de certitude et à chercher des objets de plus en plus petits. Alors que tout homme est satisfait quand une journée est passée, l'historien fouille, creuse et combine ensuite en vue d'arracher ce jour à l'oubli : même *ce qui est petit* doit être éternel *du moment qu'il est connaissable*.

N'a de valeur pour nous que l'échelle esthétique : *ce qui est grand* a droit à l'histoire, non pas à l'histoire iconique mais à la *peinture historique créatrice, stimulante*. Nous laissons les *tombes en paix :* mais nous nous emparons de l'éternellement vivant.

Thème préféré de l'époque : *les grands effets des très petites choses*. Les fouilles historiques ont, par exemple, dans leur ensemble quelque chose de grandiose : elles sont comme la végétation pauvre qui ronge peu à peu les Alpes. Nous voyons un grand instinct qui a de petits outils, mais *prodigieusement nombreux*.

42

On pourrait opposer à cela : *les petits effets des grandes choses!* quand celles-ci, en particulier, sont représentées par des individus. C'est difficile à saisir, souvent la tradition meurt, au contraire la haine est générale, sa valeur repose sur la qualité qui a toujours peu d'estimateurs.

Les grandes choses n'agissent que sur les grandes choses : ainsi la poste aux flambeaux de l'*Agamemnon* ne bondit que de hauteur en hauteur.

C'est le devoir d'une *civilisation* que ce qui est grand dans un peuple n'apparaisse pas sous la forme d'un ermite ou sous celle d'un banni.

C'est pourquoi nous voulons parler de ce que nous ressentons : ce n'est pas notre affaire d'attendre que le faible reflet de ce qui m'apparaît clairement pénètre jusque dans les vallées. Enfin les grands effets des très petites choses sont précisément les effets secondaires des *grandes ;* ils ont mis l'avalanche en mouvement. Nous avons maintenant du mal à l'arrêter.

43

L'histoire et les sciences de la nature furent nécessaires contre le Moyen Age : le savoir contre la croyance. Contre le savoir nous dirigeons maintenant *l'art :* retour à la vie ! Maîtrise de l'instinct de la connaissance ! Renforcement des instincts moraux et esthétiques !

Ceci nous apparaît comme *le salut de l'esprit allemand afin qu'il soit à son tour salvateur !*

L'essence de cet esprit est passé pour nous dans la musique. Nous comprenons maintenant comment les Grecs faisaient dépendre leur civilisation de la musique.

44

La création d'une religion pourrait consister en ce qu'un homme *suscitât la foi* pour une construction mythique posée par lui dans le vide et qu'elle correspondît à un extraordinaire besoin. Il est *invraisemblable* que cela se reproduise jamais, depuis la *Critique de la Raison pure.* Au contraire je peux m'imaginer une toute nouvelle sorte d'*artiste-philosophe* capable de poser au cœur de cette brèche un *chef-d'œuvre* de valeur esthétique.

De quelle *manière librement poétique* les Grecs en usaient avec leurs dieux !

Nous sommes trop habitués au contraste de la vérité et de la non-vérité historique. Il est comique de penser que les mythes chrétiens doivent être entièrement *historiques !*

45

La bonté et la pitié sont heureusement indépendantes du dépérissement et de la réussite d'une religion : par contre les *bonnes actions* sont bien déterminées par des impératifs religieux. La majeure partie des bonnes actions conformes au devoir n'a aucune valeur éthique, mais est *obtenue par contrainte*.

La moralité *pratique* souffrira beaucoup de la chute d'une religion. Il semble que la métaphysique de la récompense et de la punition soit indispensable.

Si l'on pouvait créer les *mœurs*, des *mœurs* puissantes ! Avec elles on aurait aussi la moralité.

Les mœurs, mais formées par *la marche en avant de puissantes personnalités individuelles*.

Je ne compte pas sur une *bonté* qui s'éveillerait dans la foule des possédants ; mais on pourrait bien les amener à des *mœurs*, à un devoir contre la tradition.

Si seulement l'humanité employait pour l'éducation et pour l'école ce qu'elle emploie jusqu'à présent pour la construction des églises, si elle tournait maintenant vers l'éducation l'intelligence qu'elle tourne vers la théologie !

46

Le problème d'une *civilisation* a rarement été correctement compris. Sa fin n'est ni le plus grand *bonheur* possible d'un peuple ni le libre développement de tous ses dons : mais elle se montre dans la juste *mesure* de ces développements. Sa fin tend à dépasser le bonheur terrestre : la production de grandes œuvres est son but.

Dans tous les instincts propres aux Grecs se montre une *unité dominante* : nommons-la la *Volonté* hellénique. Chacun de ces instincts cherche à exister seul jusqu'à l'infini. Les anciens philosophes cherchent à construire le monde à partir de ces instincts.

La *civilisation* d'un peuple se manifeste dans l'*unification dominante* des *instincts de ce peuple* : la philosophie domine l'instinct de la connaissance, l'art domine l'instinct des formes et l'extase, l'*Agapê* domine l'*Éros*, etc.

La connaissance *isole* : les anciens philosophes représentent isolément ce que l'art grec fait apparaître ensemble.

Le contenu de l'art et celui de la philosophie ancienne coïncident, mais nous voyons les éléments *isolés* de l'art utilisés en tant que philosophie pour *maîtriser l'instinct de la connaissance*. Cela doit aussi se montrer chez les Italiens : l'individualisme dans la vie et dans l'art.

47

Les Grecs comme découvreurs, voyageurs et colonisateurs. Ils s'entendent à l'étude : force d'assimilation prodigieuse. Notre temps ne doit pas se croire à un niveau tellement supérieur en ce qui concerne l'instinct du savoir : chez les Grecs seuls tout devenait vie ! Chez nous cela reste à l'état de connaissance !

Lorsqu'il s'agit de la *valeur* de la connaissance et que d'autre part une belle illusion, si on ne croit qu'en elle, a entièrement la même valeur qu'une connaissance, on voit alors que la vie a besoin d'illusions, c'est-à-dire de non-vérités tenues pour des vérités. Elle a besoin de la croyance en la vérité, mais alors l'illusion suffit, les « vérités » se démontrent par leurs effets, non par des preuves logiques, par l'épreuve de la force. Le vrai et l'efficient sont identiquement valables, ici aussi on s'incline devant la violence. — Comment se fait-il alors qu'une démonstration logique ait, somme toute, pu avoir lieu ? Dans le *combat* « *vérité* » *contre* « *vérité* » ils cherchent l'alliance de la réflexion. *Tout ce qui représente un réel effort de vérité est venu au monde par le combat pour une conviction sacrée :*

par le *pathos* du combattre : autrement l'homme n'a aucun intérêt pour l'origine logique.

48

Quel rapport le génie philosophique a-t-il avec l'art ? Du rapport direct il y a peu à apprendre. Nous devons demander : qu'est-ce, dans sa philosophie, que l'art ? l'œuvre d'art ? Que *reste-t-il* quand son système en tant que science est anéanti ? Or ce doit justement être ce résidu qui *maîtrise* l'instinct du savoir, donc ce qu'il s'y trouve d'artistique. Pourquoi un tel frein est-il nécessaire ? Car, considéré d'un point de vue scientifique, c'est une illusion, une non-vérité, qui trompe l'instinct de la connaissance et ne le satisfait que provisoirement. La valeur de la philosophie dans cette satisfaction ne tient pas à la sphère de la connaissance mais à la *sphère de la vie*; la *volonté d'existence utilise la philosophie* pour la fin d'une forme supérieure d'existence. Il n'est pas possible que l'art et la philosophie puissent se diriger *contre* la Volonté : la morale elle-même est à son service. Toute-puissance de la *Volonté*. L'une des formes les plus délicates de l'existence, le Nirvāna relatif.

49

C'est la beauté et la grandeur d'une construction du monde (alias la philosophie) qui décident maintenant de sa valeur — autrement dit, elle est jugée comme une œuvre d'*art*. Sa forme se transformera probablement ! La rigoureuse formulation mathématique (comme chez Spinoza), qui faisait sur Goethe une impression si apaisante, n'a justement plus guère droit de *cité* que comme moyen d'expression esthétique.

50

Il faut établir la proposition : nous ne vivons que grâce à des illusions — notre conscience effleure la surface. Bien des choses échappent à notre regard. Il n'est pas non plus à craindre que l'homme se connaisse totalement, qu'il pénètre à tout instant toutes les lois des forces du levier, de la mécanique, toutes les formules de l'architecture, de la chimie, qui sont utiles à la vie. Il est bien possible que le *schème* entier en devienne connu. Cela ne change presque rien à notre vie. Pour elle il n'y a, dans tout cela, que des formules désignant des forces absolument inconnaissables.

51

Nous vivons assurément, grâce au caractère superficiel de notre intellect, dans une illusion perpétuelle : nous avons donc besoin, pour vivre, de l'art à chaque instant. Notre œil nous retient aux *formes*. Mais si nous sommes nous-mêmes ceux qui avons éduqué graduellement cet œil, nous voyons aussi régner en nous-mêmes une *force artiste*. Nous voyons même dans la nature des mécanismes contraires au *savoir* absolu : le philosophe *reconnaît le langage de la nature* et dit : « Nous avons besoin de l'art » et « il ne nous faut qu'une partie du savoir ».

52

Toute forme de *civilisation* commence par le fait qu'une quantité de choses sont *voilées*. Le progrès de l'homme dépend de ce voile [11] — la vie dans une pure et noble sphère et l'exclusion des excitations vulgaires. Le combat contre la « sensibilité » par la vertu est essentiellement de nature esthétique. Quand nous prenons pour guides les *grandes* individualités, nous voilons beaucoup de choses en elles, nous cachons toutes les circonstances et tous les hasards qui rendent leur naissance possible, nous les *isolons* de nous pour les vénérer. Toute religion comporte un élément semblable : les hommes sous la divine protection, c'est ce qu'il y a d'infiniment important. Toute éthique en effet commence par la prise en considération de l'individu particulier comme étant *infiniment important* — autrement que la nature qui procède cruellement et comme en se jouant. Si nous sommes meilleurs et plus nobles, nous le devons aux illusions isolantes !

La science de la nature oppose maintenant à cela la vérité naturelle absolue : la physiologie supérieure comprendra assurément déjà dans notre devenir les forces artistes, non seulement dans le devenir de l'homme, mais aussi dans celui de l'animal : elle dira que l'*artistique* commence aussi avec l'*organique*.

Il faut peut-être encore appeler processus artistes les transformations chimiques de la nature inorganique, rôles mimiques que joue une force : mais il y en a *plusieurs* qu'elle peut jouer !

53

Grand embarras de savoir si la philosophie est un art ou une science [12]. C'est un art dans ses fins et dans sa production. Mais le moyen, la représentation en concepts, elle l'a en commun avec la science. C'est une forme de poésie. Il ne faut pas la classer : c'est pourquoi nous devons trouver et caractériser une catégorie.

La physiographie du philosophe. Il connaît en inventant et il invente en connaissant.

Il ne grandit pas, je veux dire que la philosophie ne suit pas le même cours que les autres sciences : même si certains domaines du philosophe passent peu à peu entre les mains de la science. Héraclite ne vieillira jamais. C'est la poésie hors des bornes de l'expérience, prolongement de *l'instinct mythique*; essentiellement aussi en images. L'exposé mathématique n'appartient pas à l'essence de la philosophie.

Dépassement du savoir par les forces *formatrices du mythe*. Kant est remarquable — savoir et croyance ! Parenté intime entre les *philosophes* et les *fondateurs de religion*.

Singulier problème : la décomposition des systèmes philosophiques ! C'est inouï pour la science et pour l'art ! Avec les religions il en va *de façon analogue :* c'est remarquable et caractéristique.

54

Notre entendement est une force de surface, il est *superficiel*. C'est ce qu'on appelle aussi « subjectif ». Il connaît au moyen de concepts : notre penser est un classer, un nommer, donc quelque chose qui revient à l'arbitraire humain et n'atteint pas la chose même. C'est seulement en *calculant* et seulement dans les formes de l'espace que l'homme a une connaissance absolue ; les limites dernières de tout connaissable sont des *quantités*, il ne comprend aucune qualité mais seulement une quantité.

Que peut être la fin d'une telle force superficielle ?

Au concept correspond d'abord l'image, les images sont des pensées originelles, c'est-à-dire les surfaces des choses concentrées dans le miroir de l'œil.

L'image est l'un, l'autre est l'*opération arithmétique*.

Des images dans l'œil humain ! Cela domine tout être humain : du point de vue de l'*œil !* Sujet ! L'*oreille* entend le son ! Une conception tout autre, merveilleuse, du même monde.

L'art repose sur l'*imprécision de la vue*.

Avec l'oreille même imprécision dans le rythme, dans le tempérament, etc. Et là-dessus repose de nouveau *l'art*.

55

C'est une force en nous qui nous fait percevoir avec plus d'intensité les *grands traits* de l'image du miroir et c'est de nouveau une force qui met l'accent sur le même rythme par-delà l'imprécision réelle. Ce doit être une *force d'art*; car elle *crée*. Son moyen principal est *d'omettre, de ne pas voir et de ne pas entendre*. Elle est donc anti-scientifique : car elle ne porte pas un égal intérêt à tout perçu.

Le mot ne contient qu'une image, de là le concept. La pensée compte donc avec des grandeurs artistiques.

Toute dénomination est une tentative pour parvenir à l'image.

Notre rapport à tout *être* vrai est superficiel, nous parlons le langage du symbole, de l'image : ensuite nous y ajoutons quelque chose avec une force artiste, en renforçant les traits principaux et en oubliant les traits secondaires.

56

Apologie de l'art. — Notre vie publique, politique et sociale aboutit à un équilibre des égoïsmes : solution du problème : comment parvenir à une existence tolérable sans la moindre force d'amour, uniquement par la prudence des égoïsmes intéressés ?

Notre époque a une haine pour l'art comme pour la religion. Elle ne veut capituler ni par la promesse de l'au-delà ni par la promesse d'une transfiguration artistique du monde. Elle tient cela pour de la « poésie » superflue, pour une plaisanterie, etc. Nos poètes *sont à l'avenant*. Mais l'art comme sérieux redoutable ! La nouvelle métaphysique comme sérieux redoutable ! Nous voulons transposer pour vous le monde en des images telles que vous en frémissiez. C'est en notre pouvoir ! Si vous vous bouchez les oreilles, vos yeux verront notre mythe. Nos malédictions vous atteindront!

Il faut que la science montre enfin son utilité! Elle est devenue nourricière, au service de l'égoïsme : l'État et la société l'ont prise à leur service pour l'exploiter à leurs fins.

L'état normal est la *guerre :* nous ne concluons la *paix* que pour des époques déterminées.

57

Il m'est nécessaire de savoir comment les Grecs ont philosophé au temps de leur art[13]. Les écoles *socratiques* se tenaient au milieu d'un océan de beauté — qu'en remarque-t-on chez eux? Une prodigieuse dépense est faite pour l'art. Les socratiques ont à cet égard un comportement hostile ou théorique.

Il règne au contraire pour une part, chez les philosophes archaïques, un instinct analogue à celui qui créa la tragédie.

58

Le concept du philosophe et ses types. — Qu'y a-t-il de commun à tous?

Soit il est le produit de sa civilisation, soit il lui est hostile.

Il est contemplatif comme les artistes plastiques, compatissant comme le religieux, logique comme l'homme de science : il cherche à faire vibrer en lui tous les accents de l'univers et à exprimer hors de lui cette symphonie en concepts. L'enflure jusqu'au macrocosme et avec cela l'observation réfléchie — tout comme l'acteur ou le poète dramatique qui se métamorphose et reste cependant conscient de se projeter à l'extérieur. La pensée dialectique coulant là-dessus comme une douche.

Singulier Platon : il est enthousiaste de la dialectique, c'est-à-dire de cette réflexion.

59

Les philosophes. Physiographie du philosophe. Le philosophe à côté du scientifique et de l'artiste.

Maîtrise de l'instinct de la connaissance par l'art et de l'instinct religieux d'unité par le concept.

Singulière, la juxtaposition de la conception et de l'abstraction.

Conséquence pour la civilisation.

La métaphysique comme vide.

Le philosophe de l'avenir ? Il doit devenir la Cour suprême d'une civilisation artiste, une sorte de Sûreté générale contre toutes les transgressions.

60

Il faut déceler la pensée philosophique au sein de toute pensée scientifique : même dans la conjecture. Elle avance en sautant sur de légers supports : lourdement halète derrière elle l'entendement, en cherchant de meilleurs supports après que la séduisante image lui fut apparue. Un survol infiniment rapide des grands espaces ! Est-ce seulement une plus grande vitesse ? Non. C'est le coup d'aile de l'imagination, c'est-à-dire le saut d'une possibilité à l'autre, toutes sont prises provisoirement pour des certitudes. Çà et là, d'une possibilité à une certitude et de nouveau à une possibilité.

Mais qu'est-ce qu'une telle « possibilité » ? Une idée subite, par exemple « il se pourrait peut-être ». Mais comment *vient* cette idée ? Parfois fortuitement, extérieurement : une comparaison, la découverte de quelque analogie a lieu. Alors intervient une *extension*. L'imagination consiste à *voir rapidement les ressemblances*. La réflexion mesure ensuite concept à concept et vérifie. La *ressemblance* doit être remplacée par la *causalité*.

La pensée « scientifique » et la pensée « philosophique » ne diffèrent-elles alors que par la *dose* ? Ou bien peut-être alors par les *domaines* ?

61

Il n'y a pas de philosophie à part, distincte de la science : là comme ici on pense de la même façon. Le fait qu'une philosophie *indémontrable* ait encore une valeur et même plus, la plupart du temps, qu'une proposition scientifique, provient de la *valeur* esthétique d'un tel philosopher, c'est-à-dire de sa beauté et de sa sublimité. Le philosopher est encore présent comme *œuvre d'art*, même s'il ne peut se démontrer comme construction philosophique. Mais n'en est-il pas de même en matière scientifique ? — En d'autres termes : ce qui décide ce n'est pas le pur *instinct de la connaissance* mais l'instinct *esthétique* : la philosophie peu démontrée d'Héraclite a une valeur d'art supérieure à toutes les propositions d'Aristote.

L'instinct de la connaissance est donc maîtrisé par l'imagination dans la civilisation d'un peuple. Là le philosophe est empli du *pathos* le plus élevé de la *vérité :* la valeur de sa connaissance lui en garantit la *vérité*. Toute *fécondité* et toute force motrice se tiennent dans ces regards *jetés sur l'avenir*.

62

On peut observer dans l'œil comment a lieu la production imaginaire. La ressemblance conduit au développement le plus hardi : mais aussi de tout autres relations, le contraste appelle le contraste et incessamment. On *voit* ici la production extraordinaire de l'intellect. C'est une vie en images.

63

En pensant on doit déjà avoir ce que l'on cherche, grâce à l'imagination — la réflexion ne peut juger qu'ensuite. Elle le fait en mesurant avec des chaînes courantes et fréquemment vérifiées.

Qu'y a-t-il de proprement « logique » dans la pensée en images ?

L'homme sensé n'a guère besoin d'imagination et en a peu.

C'est en tout cas quelque chose d'*artiste* que cette production de formes avec lesquelles entre alors quelque chose dans la mémoire : *elle discerne telle forme* et, de ce fait, la renforce. Penser, c'est un discerner.

Il y a bien plus de suites d'images dans le cerveau que l'on n'en utilise pour penser : l'intellect choisit rapidement les images semblables, l'image choisie produit à nouveau une profusion d'images : mais vite l'intellect choisit de nouveau une image parmi celles-ci et ainsi de suite.

La pensée consciente n'est qu'un choix parmi des représentations. Il y a un long chemin jusqu'à l'abstraction.

1) La force qui produit la profusion d'images ; 2) la force qui choisit le semblable et l'accentue.

Ceux qui sont fiévreux opèrent de même sur les murs et les tapisseries, seuls ceux qui sont en bonne santé projettent en plus la tapisserie.

64

Il existe une double force artiste : celle qui produit les images et celle qui les choisit.

Le monde du rêve prouve que c'est juste : l'homme n'y continue pas jusqu'à l'abstraction ou : il n'est pas conduit ni modifié par les images qui affluent à travers l'œil.

Si l'on considère cette force de plus près, il n'y a pas non plus ici une découverte artistique tout à fait libre : ce serait quelque chose d'arbitraire, donc d'impossible. Mais les plus fins rayonnements de l'activité nerveuse vus sur une surface se rapportent, comme les figures acoustiques de Chladni*, au son lui-même : ainsi ces images se rapportent à l'activité nerveuse opérant au-dessous. Balancement et frémissement des plus délicats ! Le processus artiste est physiologiquement absolument déterminé et nécessaire. Toute pensée nous apparaît à la surface comme arbitraire, comme à notre gré : nous ne remarquons pas l'activité infinie.

Penser *une priorité artistique dénuée de cerveau* procède d'une forte anthropopathie : mais il en est ainsi de la volonté, de la morale, etc.

Le désir n'est qu'une super-fonction physiologique qui aimerait se décharger et exerce une pression jusqu'au cerveau.

65

Résultat : ce n'est qu'une question de *degrés* et de *quantités :* tous les hommes sont artistes, philosophes, scientifiques, etc. [14].

Notre évaluation a trait à des quantités, non à des qualités. Nous respectons ce qui est *grand*, c'est-à-dire aussi l'*anormal*.

Car le respect des grands effets des petites causes n'est qu'un émerveillement devant le résultat et la disproportion de toutes petites causes. C'est seulement en additionnant de nombreux effets et en les regardant comme une *unité* que nous avons l'impression de la grandeur, autrement dit nous *produisons* la grandeur grâce à cette unité.

Mais l'humanité ne grandit qu'à travers le respect du *rare*, du *grand*. Même ce qui est cru à tort rare et

---

* Voir p. 121 et p. 166, note 7.

grand, par exemple le *miracle*, exerce cet effet. L'effroi est la meilleure part de l'humanité.

Le rêve considéré comme ce qui permet de continuer le choix des images visuelles [15].

Dans le domaine de l'intellect tout ce qui est qualitatif n'est que *quantitatif*. Nous sommes conduits aux qualités par le concept, le mot.

66

Peut-être l'homme ne peut-il rien *oublier* [16]. L'opération du voir et du connaître est beaucoup trop compliquée pour qu'il soit possible de l'effacer de nouveau entièrement ; autrement dit, toutes les formes qui ont été produites une fois par le cerveau et le système nerveux se répètent désormais souvent. La même activité nerveuse reproduit la même image.

67

Le matériau [17] propre à toute connaissance consiste en les plus délicates impressions de plaisir et de déplaisir : sur la surface où l'activité nerveuse trace des formes dans le plaisir et la douleur se trouve le véritable secret : ce qui est impression projette en même temps des *formes* qui engendrent alors de nouvelles impressions.

C'est l'essence de l'impression de plaisir et de déplaisir que de s'exprimer dans des mouvements adéquats ; du fait que ces mouvements adéquats amènent à nouveau d'autres nerfs à l'impression se produit l'impression de l'*image*.

Dans la pensée en images aussi le darwinisme a raison : l'image la plus forte détruit les images de peu d'importance.

Que la pensée avance avec plaisir ou déplaisir est tout à fait essentiel : celui à qui cela crée un véritable inconvénient est précisément moins disposé à cela et, aussi bien, il ira moins loin : il se *contraint* et dans ce domaine ce n'est en rien utile.

68

Parfois le résultat acquis par sauts se prouve sur-le-champ comme vrai et fécond du point de vue de ses conséquences.

Un savant génial est-il conduit par un *pressentiment* juste ? Oui, il voit précisément des *possibilités* sans appuis suffisants : mais sa génialité se montre du fait qu'il tient une telle chose pour possible. Il suppute très rapidement ce qu'il peut à peu près démontrer.

Le mauvais usage de la connaissance — dans l'éternelle répétition des expériences et des assemblages de matériaux, alors que la conclusion s'impose déjà à partir de peu d'indices. Il en est de même aussi en philologie : l'intégralité du matériel est, dans de nombreux cas, quelque chose d'inutile.

69

Ce qui est moral n'a pas non plus d'autre source que l'intellect, mais la chaîne d'images en liaison opère ici autrement que chez l'artiste et le penseur : elle incite à l'*acte*. Le sentiment du semblable, l'identification, est très certainement une présupposition nécessaire. Ensuite le souvenir d'une souffrance particulière. Être bon ce serait donc : identifier *très facilement* et très *rapidement*. C'est donc une métamorphose, tout comme chez l'acteur.

Toute honnêteté et tout droit procèdent au contraire d'un *équilibre des égoïsmes*[18] : reconnaissance réciproque de ne pas se porter tort. Donc procède de la prudence. Sous la forme de fermes principes cela prend un autre air : la *fermeté* de caractère. Contrastes de l'amour et du droit : point culminant, sacrifice pour le monde.

L'anticipation des possibles sensations de déplaisir détermine l'action de l'honnête homme : il connaît empiriquement les suites de l'offense faite au prochain, mais aussi celles de l'offense faite à soi-même. En revanche l'éthique chrétienne est l'antithèse : elle repose sur l'identification de soi-même avec le prochain ; faire du bien aux autres est ici se faire du bien à soi-même, compatir à la douleur des autres c'est compatir à sa propre douleur. L'amour est lié à un désir d'unité.

70

L'homme exige la vérité et la réalise dans le commerce moral avec les hommes ; c'est là-dessus que repose toute vie en commun. On anticipe les suites malignes des mensonges réciproques. C'est de là que naît *le devoir de vérité*. On permet le *mensonge* au narrateur épique parce qu'ici aucun effet pernicieux n'est à craindre. — Donc là où le mensonge a une valeur agréable il est permis : la beauté et l'agrément du mensonge, à supposer qu'il ne nuise pas. C'est ainsi que le prêtre imagine les mythes de ses dieux : le mensonge justifie leur grandeur. Il est extraordinairement difficile de se rendre à nouveau vivant le sentiment mythique du mensonge libre. Les grands philosophes grecs vivent encore entièrement dans cette justification du mensonge.

Là où l'on ne peut rien savoir de vrai, le mensonge est permis.

Tout homme se laisse continuellement tromper la nuit dans le rêve.

La *tendance à la vérité* est une acquisition infiniment plus lente de l'humanité. Notre sentiment historique est quelque chose de tout nouveau dans le monde. Il serait possible qu'il opprime totalement l'art.

L'énonciation de la *vérité à tout prix* est *socratique*.

71

La vérité et le mensonge sont d'ordre physiologique [19].

La vérité comme loi morale — deux sources de la morale.

L'essence de la vérité jugée d'après les *effets*.

Les effets conduisent à l'admission de « vérités non démontrées ».

Dans le combat de telles vérités, vivantes grâce à la force, se montre le besoin de trouver une autre voie. Soit en éclairant tout à partir de là, soit en s'élevant à elle à partir des exemples, des phénomènes.

Merveilleuse invention de la logique.

Prédominance progressive des forces logiques et restriction de ce qu'il est *possible* de savoir.

Réaction perpétuelle des forces artistes et limitation à ce qui est *digne* d'être su (jugé selon l'*effet*).

72

Conflit du philosophe. Son instinct universel le contraint à une pensée médiocre, l'immense pathos de la vérité, produit par la largeur de son point de vue, le contraint à la *communication* et celle-ci à son tour à la logique.

D'un côté se produit une *métaphysique optimiste de la logique*, intoxiquant et falsifiant progressivement tout. La logique comme unique maîtresse conduit au mensonge : car elle n'*est* pas la seule maîtresse.

L'autre sentiment de vérité provient de l'*amour*, preuve de la force.

L'expression de la vérité *béatifique* par *amour* : est en relation avec des connaissances particulières à l'individu, qu'il ne doit pas communiquer, mais à quoi l'oblige la surabondance du bonheur.

73

Être absolument véridique — plaisir splendide et héroïque de l'homme dans une *nature* menteuse ! Mais cela n'est que *très relativement possible !* C'est tragique ! C'est le *problème tragique de Kant*. L'art reçoit maintenant une *dignité* toute *nouvelle*[19]. Les sciences, en revanche, ont été dégradées d'un degré.

Véracité de l'art : il est maintenant le seul à être sincère.

Ainsi nous revenons par un vaste détour au comportement *naturel* (celui des Grecs). Il s'est prouvé impossible de construire une civilisation sur le savoir.

74

A quel point la puissance éthique des Stoïciens était forte se montre en ce qu'ils faisaient éclater son principe en faveur de la liberté de la volonté.

Pour la théorie de la morale : en politique l'homme d'État anticipe souvent l'action de son adversaire et prend les devants : « Si je ne le fais pas, c'est lui qui le fait. » Une sorte de *défense légitime* prise comme principe politique. C'est le point de vue de la guerre.

75

Les Grecs anciens sans théologie normative : chacun a le droit d'y ajouter et il peut croire ce qu'il veut.

Le prodigieux volume de la pensée philosophique chez les Grecs (avec le prolongement en tant que théologie à travers les siècles).

Les grandes forces logiques se démontrent par exemple dans l'ordonnance des sphères du culte dans les cités particulières.

Les orphiques *non plastiques* dans leurs phantasmes, confinant à l'allégorie.

Les dieux des Stoïciens ne se préoccupent que de ce qui est grand, négligent le petit et l'individuel.

76

Schopenhauer conteste l'efficacité de la philosophie morale sur les mœurs : comment l'artiste ne crée pas selon des concepts. Étonnant ! Il est vrai, tout homme est déjà un être intelligible (conditionné par des générations innombrables !). Mais une stimulation plus forte de sensations déterminées d'excitation opère grâce aux concepts en *renforçant* ces forces morales. Il ne se forme rien de nouveau, mais l'énergie créatrice se concentre d'un côté. Par exemple, l'impératif catégorique a bien renforcé l'impression de vertu désintéressée.

Nous voyons ici aussi que l'homme individuel éminemment moral pratique le charme de l'imitation. C'est ce charme que le philosophe doit propager. Ce qui est loi pour l'exemplaire suprême doit progressivement valoir comme loi en général : même si ce n'est que comme *barrière* pour les autres.

77

Le processus de toute religion, de toute philosophie et de toute science envers le monde : il commence par les anthropomorphismes les plus grossiers et *ne cesse jamais de se raffiner.*

L'individu considère même le système sidéral comme le servant ou comme en connexion avec lui.

Dans leur mythologie, les Grecs ont résorbé la nature entière dans les Grecs. Ils n'envisageaient en quelque sorte la nature que comme la mascarade et le déguisement d'hommes-dieux. En cela ils étaient le contraire de tous les réalistes. Le contraste entre la vérité et l'apparence était profondément en eux. Les métamorphoses leur sont spécifiques.

78

L'intuition se relie-t-elle aux concepts de genre ou aux *types* accomplis ? Mais le concept de genre demeure toujours loin en arrière d'un bon exemplaire, le type de la perfection débouche au-dessus de la réalité.

Anthropomorphismes éthiques. Anaximandre : justice
   Héraclite   : loi
   Empédocle : amour et haine
   Anthropormorphismes logiques. Parménide : Être pur
   Anaxagore : νοῦς
   Pythagore : tout est nombre.

79

L'histoire universelle est des plus courtes quand on la mesure d'après les connaissances philosophiques importantes et qu'on laisse de côté les époques qui leur furent hostiles. Nous voyons là une activité et une force créatrice comme nulle part ailleurs, chez les *Grecs :* ils remplissent l'époque la plus grande, ils ont réellement produit tous les types.

Ce sont les inventeurs de la *logique*.

Le langage n'a-t-il pas déjà trahi la capacité de l'homme à produire la logique ? C'est certainement l'opération et la distinction logique la plus digne d'admiration. Mais le langage n'est pas né en une fois, il est le résultat *logique* de périodes infiniment longues. Il faut penser à ce sujet à la naissance des instincts : ils se sont développés très progressivement.

L'activité spirituelle de millénaires consignée dans le langage.

80

L'homme ne découvre que très lentement combien le monde est infiniment compliqué. D'abord il se l'imagine tout à fait simple, aussi superficiel qu'il est lui-même.

Il part de lui-même, le résultat le plus tardif de la nature, et il se représente les forces, les forces originelles, de la même manière que ce qui se passe dans sa conscience. Il prend les *effets des mécanismes les plus compliqués,* ceux du cerveau, pour des effets identiques à ceux des origines. Parce que ce mécanisme complexe produit de l'intelligible en un temps bref, il suppose que le monde existe depuis peu : il ne peut pas avoir coûté beaucoup de temps au Créateur, pense-t-il.

Aussi croit-il avoir expliqué quelque chose avec le mot « instinct » et reporte volontiers les actions à finalité inconsciente dans le devenir originel des choses.

Le temps, l'espace et le sens de la causalité semblent avoir été donnés avec la première *sensation*.

L'homme connaît le monde dans la mesure où il se connaît : sa profondeur se dévoile à lui dans la mesure où il s'étonne de lui-même et de sa propre complexité.

81

Il est aussi rationnel de prendre pour base du monde les besoins moraux, artistiques, religieux de l'homme que les besoins mécaniques : nous ne connaissons ni le choc ni la pesanteur. (?)

82

Nous ne connaissons l'essence véritable d'aucune *causalité* particulière. Scepticisme absolu : nécessité de l'art et de l'illusion. Il faut peut-être expliquer la pesanteur par le mouvement de l'éther qui tourne autour d'une immense constellation avec le système solaire tout entier.

83

On ne peut *démontrer* ni le sens métaphysique ni le sens éthique, ni le sens esthétique de l'existence.

L'ordre universel, le résultat le plus pénible et le plus lent d'effroyables évolutions, conçu comme l'essence de l'univers — Héraclite !

84

Il faut *démontrer* que toutes les constructions du monde sont des anthropomorphismes : oui, toutes les sciences, si Kant a raison. A vrai dire, il y a ici un cercle vicieux : si les sciences ont raison, nous ne nous tenons pas aux principes de Kant, si Kant a raison, les sciences ont tort.

Contre Kant, il y a toujours à objecter que, pour admettre toutes ses thèses, subsiste la pleine *possibilité* que le monde soit tel qu'il nous apparaît. D'un point de vue personnel, cette position entière est inutilisable ; nul ne peut vivre dans ce scepticisme.

Nous devons dépasser ce scepticisme, nous devons l'*oublier*. Que de choses ne devons-nous pas oublier en ce monde ! (L'art, la forme idéale, le tempérament.)

Ce n'est pas dans la *connaissance*, c'est dans la *création* que se trouve notre salut ! Dans l'apparence suprême, dans l'émotion la plus noble se trouve notre grandeur ! Si l'univers ne nous concerne en rien, nous voulons alors avoir le droit de le mépriser.

85

Redoutable solitude du dernier philosophe ! La nature le méduse, des vautours planent au-dessus de lui. Et il crie à la nature : donne l'oubli ! Oublier ! — Non, il *supporte la souffrance comme Titan — jusqu'à ce que le pardon lui soit accordé dans l'art tragique suprême.*

86

Considérer « l'esprit », le produit du cerveau, comme surnaturel ! le déifier totalement, quelle folie !

Parmi des millions de mondes en corruption, une fois un monde possible ! Celui-là aussi se corrompt ! Il ne fut pas le premier.

87

ŒDIPE

Soliloque du dernier philosophe.
Un fragment de l'histoire de la postérité.

Le dernier philosophe, c'est ainsi que je me nomme, car je suis le dernier homme. Personne ne me parle que moi seul et ma voix me parvient comme celle d'un mourant ! Avec toi, voix aimée, avec toi, dernier souffle du souvenir de tout bonheur humain, laisse-moi encore ce commerce d'une seule heure ; grâce à toi je donne le change à ma solitude et je pénètre dans le mensonge d'une multitude et d'un amour, car mon cœur répugne à croire que l'amour est mort, il ne supporte pas le frisson de la plus solitaire des solitudes et il m'oblige à parler comme si j'étais deux.

T'entends-je encore, ma voix ? Tu chuchotes en maugréant ? Et dût ta malédiction faire crever les entrailles de ce monde ! Mais il vit encore et ne me fixe qu'avec plus d'éclat et de froideur de ses étoiles impitoyables, il vit, aussi stupide et aveugle qu'il fût jamais, et *un* seul meurt, l'homme.

Et pourtant ! je t'entends encore, voix aimée ! Il meurt encore *quelqu'un* en dehors de moi, le dernier homme, dans cet univers : le dernier soupir, *ton* soupir meurt avec moi, ce long hélas ! hélas ! soupiré sur moi, le dernier des misérables, Œdipe [20] !

88

Nous voyons avec l'Allemagne contemporaine que la floraison des sciences est possible dans une civilisation devenue barbare ; de même, l'utilité n'a rien à faire avec les sciences (bien qu'il semble en être ainsi du fait des avantages accordés aux établissements de sciences physiques et chimiques et bien que de simples chimistes puissent devenir célèbres en tant que « capacités »).

Elle a pour elle un éther vital approprié. Une civilisation déclinante (comme la civilisation alexandrine) et un manque de civilisation (comme le nôtre) ne la rendent pas impossible. La connaissance est bien un *ersatz* de civilisation.

89

Les *éclipses*, par exemple au Moyen Age, sont-elles réellement des périodes de santé, comme des temps de sommeil pour le génie intellectuel de l'homme ?

Ou bien ces *éclipses* sont-elles les résultats de desseins supérieurs ? Si des livres ont leur *fatum*, on peut considérer aussi le déclin d'un livre comme un *fatum* doué de quelque dessein.

Les *desseins* nous mettent dans la *confusion*.

90

Chez le philosophe l'activité continue sous forme de métaphores. L'effort de domination *unitaire*. Toute chose s'efforce jusqu'à l'incommensurable, dans la nature le caractère individuel est rarement fixe mais gagne toujours plus de terrain. La question de la *lenteur* ou de la *rapidité* est hautement humaine. Quand on jette les yeux du côté de l'infiniment petit, tout développement est toujours un développement *infiniment rapide*.

91

Combien la vérité importe aux hommes ! C'est la vie la plus haute et la plus pure possible que d'avoir la vérité dans la croyance. *La croyance à la vérité* est nécessaire à l'homme.

La vérité apparaît comme un besoin social : par une métastase elle est ensuite appliquée à tout, même là où elle n'est pas nécessaire.

Toutes les vertus naissent de nécessités. Avec la société commence le besoin de véracité, sinon l'homme vit dans d'éternels voiles. La fondation des États suscite la véracité.

L'instinct de la connaissance a une source *morale*[21].

92

La mémoire n'a rien à faire avec les nerfs, avec le cerveau. C'est une propriété originelle. Car l'homme porte en lui la mémoire de toutes les générations passées[22]. L'*image* de la mémoire est quelque chose de très ingénieux et de très *rare*.

Il est aussi peu possible de parler d'une mémoire sans défaut que d'une action des lois de la nature absolument opportune.

93

Y a-t-il un raisonnement inconscient ? La matière *raisonne*-t-elle ? Elle ressent et combat pour son être individuel. La « Volonté » se montre d'abord dans le *changement*, c'est-à-dire qu'il y a une *sorte* de *volonté libre* qui modifie l'essence d'une chose par plaisir et par fuite du déplaisir. — La matière a un nombre de qualités qui sont *protéiformes*, que, selon l'attaque, elle confirme, renforce, pose pour le tout. Les qualités semblent n'être que des activités modifiées et déterminées d'une matière *unique*, intervenant selon les proportions de la masse et du nombre.

94

Nous ne connaissons qu'une réalité — celle des *pensées*. Comment ? Si cela était l'essence des choses ? Si la mémoire et la sensation étaient les *matériaux* des choses ?

95

La pensée nous donne le concept d'une toute nouvelle forme de la *réalité*. Elle est constituée de sensation et de mémoire.

L'homme dans le monde pourrait réellement se concevoir comme quelque figure *sortie d'un rêve* et qui se rêve en même temps lui-même.

96

Le choc, l'action d'un atome sur l'autre, présuppose aussi la *sensation*. Quelque chose d'étranger en soi ne peut agir sur un autre.

Non pas l'éveil de la sensation, mais celui de la conscience dans le monde est ce qu'il y a de difficile. Mais encore explicable si tout a une sensation.

Si tout a une sensation, nous avons un pêle-mêle de centres de sensations très petits, plus grands et très grands. Ces complexes de sensations, plus grands ou plus petits, doivent être appelés des « volontés ».

Nous nous défaisons difficilement des *qualités*.

97

La sensation, des mouvements réflexes, très fréquents et se succédant à la vitesse de l'éclair, s'animant progressivement, produisent l'opération du raisonnement, c'est-à-dire le sentiment de causalité. Du sens de la causalité dépendent l'espace et le temps. La mémoire conserve les mouvements réflexes accomplis.

La conscience commence avec le sens de la causalité, c'est-à-dire que la mémoire est plus vieille que la conscience. Par exemple chez le mimosa nous avons la mémoire mais pas la conscience. Mémoire naturellement sans image chez les plantes.

Mais la *mémoire* doit alors appartenir à l'essence de la *sensation*, donc être une propriété originelle des choses. Mais alors aussi le mouvement réflexe[23].

L'inviolabilité des lois de la nature signifie donc : sensation et mémoire sont dans l'essence des choses. Qu'au contact d'une autre, une substance matérielle se décide justement ainsi, est affaire de mémoire et de sensation. Elle l'a appris à un moment donné, autrement dit les activités des substances matérielles sont des *lois* en devenir. Mais la décision doit alors avoir été donnée par l'intermédiaire du *plaisir* et du *déplaisir*.

98

Mais si plaisir, déplaisir, sensation, mémoire, mouvement réflexe, appartiennent à l'essence de la matière, alors la connaissance de l'homme *pénètre beaucoup plus profondément dans l'essence des choses*.

La logique tout entière se résout donc dans la nature en un système de *plaisir* et de *déplaisir*. Chacun cherche son plaisir et fuit le déplaisir, telles sont les lois éternelles de la nature.

99

Toute connaissance est mesure à une échelle[24]. Sans une échelle, c'est-à-dire sans quelque restriction, il n'y a pas de connaissance. Dans le domaine des formes intellectuelles, il en va de même que si j'interroge sur la valeur de la connaissance en général : je dois prendre une position quelconque qui se tienne plus haut ou qui soit au moins *fixe* pour servir d'échelle.

100

Si nous ramenons le monde intellectuel tout entier à l'excitation et à la sensation, cette perception très indigente éclaire aussi peu que possible.

La proposition : il n'y a pas de connaissance sans un connaissant, ou pas de sujet sans objet et pas d'objet sans sujet, est entièrement vraie, mais de la plus extrême trivialité.

101

Nous ne pouvons rien dire de la Chose en soi parce que nous nous sommes privés à la base du point de vue du connaissant, c'est-à-dire du mesurant. Une qualité existe pour nous, mesurée à nous. Si nous retirons la mesure, qu'est donc encore la qualité !

Ce n'est que par l'intermédiaire d'un sujet mesurant posé à côté d'elles qu'il faut démontrer ce que *sont* les choses. Leurs qualités en soi ne nous concernent pas, mais leurs qualités pour autant qu'elles agissent sur nous.

Il faut à présent demander : comment s'est produit un tel être mesurant. La plante est aussi un *être mesurant*.

Le prodigieux consensus des hommes au sujet des choses démontre la complète similarité de leur appareil sensoriel.

102

Pour la plante le monde est tel et tel, pour nous tel et tel. Si nous comparons les deux forces de perception, notre concept du monde vaut pour nous comme étant plus juste, c'est-à-dire comme correspondant davantage à la vérité. Or l'homme s'est développé lentement, et la connaissance se développpe encore : l'image du monde devient donc de plus en plus vraie et complète. Naturellement ce n'est qu'un *reflet de miroir*, un reflet toujours plus clair. Le miroir lui-même n'est rien de tout à fait étranger ni sans rapport avec l'essence des choses, mais lui aussi a pris lentement naissance, en tant qu'essence des choses pareillement. Nous voyons un effort pour rendre le miroir toujours plus adéquat : la science continue le processus naturel. Ainsi les choses se reflètent d'une manière toujours plus pure : libération progressive de ce qui est trop anthropomorphique. Pour la plante l'univers entier est plante, pour nous il est homme.

103

La démarche de la philosophie : on pense d'abord que les hommes sont les auteurs de toutes choses — peu à peu on s'explique les choses d'après l'analogie avec certaines propriétés humaines — enfin on en arrive à la *sensation*. Grand problème : la sensation est-elle un fait original de toute matière ? Attraction et répulsion ?

104

L'instinct de la connaissance en matière d'histoire — sa fin : concevoir l'homme dans le devenir, ici aussi supprimer le miracle. Cet instinct soustrait de l'instinct de la civilisation la plus grande force : la connaissance est luxuriance à l'état pur, de cette manière la civilisation actuelle ne devient en rien supérieure.

105

Considérer la philosophie comme l'astrologie : à savoir, lier le destin de l'univers à celui de l'homme : considérer l'évolution supérieure de l'*homme* comme la plus haute évolution de l'*univers*. C'est de cet instinct philosophique que toutes les sciences reçoivent leur nourriture. L'humanité anéantit d'abord les religions, ensuite la science.

106

L'homme a même utilisé aussitôt la théorie kantienne de la connaissance à la glorification de l'homme : l'univers n'a de réalité qu'en lui. Comme une balle, il est lancé et relancé dans les têtes humaines. En vérité, cela ne signifie que ceci : on pense qu'il existe une œuvre d'art et un homme stupide pour la contempler. Sans doute elle n'existe en tant que phénomène cérébral pour cet homme stupide seulement dans la mesure où il est encore lui-même artiste et apporte avec lui les formes. Il pourrait hardiment affirmer : en dehors de mon cerveau cette œuvre d'art n'a aucune réalité.

Les *formes* de l'intellect sont nées de la matière, très graduellement. Il est en soi vraisemblable qu'elles soient strictement adéquates à la vérité. D'où serait venu un tel appareil qui découvre quelque chose de nouveau ?

107

La faculté principale me semble être de percevoir la *forme*, me semble reposer sur un miroir. L'espace et le temps ne sont que des choses *mesurées*, mesurées sur un rythme[25].

108

Vous ne devez pas fuir dans une métaphysique mais vous sacrifier à la *civilisation* en devenir ! C'est pourquoi je suis absolument opposé à l'idéalisme du rêve.

109

Tout savoir naît de la séparation, de la délimitation, de la restriction ; aucun savoir absolu d'un tout !

110

Plaisir et déplaisir comme sensations universelles ? Je ne crois pas.
Mais où les forces artistes interviennent-elles ? Certainement dans le cristal. La création de la *forme* ; n'y a-t-il pas là un être intuitionnant à présupposer ?

111

La *musique* comme *supplément* du *langage* : de nombreuses excitations et des états entiers d'excitation que ne peut représenter le langage sont rendus par la musique.

112

Il n'y a pas de *forme* dans la nature car il n'y a ni intérieur ni extérieur.
Tout art repose sur le *miroir* de l'œil.

113

La connaissance sensorielle de l'homme est sûrement en quête de *beauté*, elle transfigure le monde. Que cherchons-nous à saisir d'autre ? Que voulons-nous par-delà nos sens ? La connaissance incessante aboutit au laid et au haïssable. — *Être satisfait* du monde vu d'un œil artiste !

114

Dès que l'on veut *connaître* la Chose en soi, elle *est précisément ce monde*. Connaître n'est possible que comme un refléter et un se-mesurer à une *mesure* (sensation).

Nous *savons* ce qu'est le monde : la connaissance absolue et inconditionnée est vouloir connaître sans connaissance.

115

Il faut ramener les prétendus *raisonnements inconscients à la mémoire qui conserve tout*, qui offre des expériences d'un mode parallèle et par là *connaît* déjà les suites d'une action. Ce n'est pas une anticipation de l'effet, mais le sentiment : mêmes causes, mêmes effets, produit par une image de la mémoire.

116

Les *raisonnements* inconscients provoquent ma réflexion : ce sera probablement ce passage *d'image à image ;* la dernière image atteinte opère alors comme excitation et motif. La pensée inconsciente doit s'accomplir sans concepts : donc par des *intuitions*.

Mais ceci est la méthode de raisonnement du philosophe contemplatif et de l'artiste. Il fait la même chose que ce que fait chacun dans les impulsions physiologiques personnelles, transposer dans un monde impersonnel.

Cette pensée en images n'est pas a priori de nature strictement logique, mais toutefois plus ou moins logique. Le philosophe s'efforce alors de poser, à la place de la pensée en images, une pensée par concepts. Les instincts semblent aussi être une telle pensée en images qui, en dernier lieu, se transforme en excitation et en motif.

117

Nous confondons beaucoup trop facilement la Chose en soi de Kant et la vraie essence des choses des *Bouddhistes*, la réalité montre tout à fait l'*apparence* ou bien une *apparition tout à fait adéquate* à la *vérité*. L'apparence comme non-être et l'apparition de l'étant sont confondus l'un avec l'autre. Dans le vide s'insèrent toutes les superstitions possibles [26].

118

Le philosophe pris dans les filets du *langage*.

119

Je veux dépeindre et ressentir le *développement prodigieux* d'*un* philosophe qui veut la connaissance, du philosophe de l'humanité.

La plupart des hommes se tiennent si bien sous la conduite de l'instinct qu'ils ne remarquent pas du tout ce qui arrive. Je veux le dire et faire remarquer ce qui arrive.

Le philosophe est ici identique à tout effort de la science. Car toutes les sciences ne reposent que sur le fondement général du philosophe. Démontrer l'*unité* prodigieuse dans tous les instincts de la connaissance : l'érudit brisé.

120

L'*infinité* est le fait initial originel : il faudrait seulement expliquer d'où vient le *fini*. Mais le point de vue du *fini* est purement sensible, c'est-à-dire une illusion.

Comment peut-on oser parler d'une détermination de la terre !

Dans le temps infini et dans l'espace infini il n'y a pas de fins : *ce qui est là est là éternellement*, sous quelque forme que ce soit. Quel monde métaphysique il doit y avoir, il est impossible de le prévoir.

Sans aucun appui de cette sorte il faut que l'humanité puisse se tenir debout — tâche immense des artistes !

121

Le temps en soi est une absurdité : il n'y a de temps que pour un être sentant. Et de même pour l'espace.

Toute *forme* appartient au sujet. C'est la saisie de la *surface* à travers le miroir. Nous devons abstraire toutes les qualités.

Nous ne pouvons pas nous représenter les choses comme elles sont parce que nous ne devrions justement pas les penser.

Tout reste comme c'est : toutes les qualités trahissent un état des choses indéfinissable, absolu.

122

La conséquence effroyable du darwinisme, que je tiens d'ailleurs pour vrai. Toute notre vénération se rapporte à des qualités, que nous tenons pour éternelles : du point de vue moral, artistique, religieux, etc.

Avec les instincts on n'avance pas d'un pas pour expliquer la convenance des moyens et de la fin. Car ces instincts eux-mêmes sont déjà le résultat de processus poursuivis depuis un temps infiniment long.

La Volonté ne s'objectivise pas *adéquatement*, comme le dit Schopenhauer : cela paraît ainsi lorsqu'on sort des formes les plus accomplies.

Cette Volonté elle-même est dans la nature un aboutissement très compliqué. Les *nerfs* étant présupposés.

Et même la pesanteur n'est pas un phénomène simple, mais de nouveau l'effet d'un mouvement du système solaire, de l'éther et ainsi de suite.

Et le choc mécanique est aussi quelque chose de complexe.

L'éther universel comme matière originelle.

123

Tout connaître est un refléter dans des formes tout à fait déterminées qui n'existent pas a priori. La nature ne connaît aucune *forme*, aucune *grandeur*, mais c'est seulement pour un connaissant que les choses se présentent avec telle grandeur ou telle petitesse. L'*infini* dans la nature : elle n'a aucune limite, nulle part. Pour nous seuls il y a du fini. Le temps divisible à l'*infini*.

124

Valeur objective de la connaissance — elle ne rend pas *meilleur*. Elle n'a pas de fins dernières universelles. Sa naissance est due au hasard. Valeur de la véracité. — Si, elle rend meilleur ! Son but est le déclin. Elle procède à un sacrifice. Notre *art* est l'image de la connaissance désespérée.

125

L'humanité a dans la connaissance un beau moyen pour périr.

126

Que l'homme soit devenu ainsi et non autrement est certainement son œuvre : qu'il soit si engagé dans l'illusion (le rêve) et orienté sur la surface (l'œil), telle est son *essence*. Est-il étonnant que même les instincts de vérité finissent par déboucher à nouveau sur son fondement ?

127

Nous nous sentons grands quand nous entendons parler d'un homme dont la vie fut suspendue à un mensonge et qui pourtant ne mentit pas — encore davantage quand un homme d'État, par souci de véracité, détruit un royaume.

128

Nos habitudes deviennent des vertus grâce à une transposition libre dans le domaine du devoir, du fait que nous apportons l'inviolabilité dans les concepts ; nos habitudes deviennent des vertus du fait que nous tenons le bien particulier pour moins important que son inviolabilité — par conséquent par le sacrifice de l'individu ou du moins par la possibilité entrevue d'un tel sacrifice. — Là où l'individu se met à se considérer comme peu important commence le domaine des vertus et des arts — notre monde métaphysique. Le *devoir* serait particulièrement *pur* si dans l'essence des choses *rien ne correspondait au fait moral*.

129

Je ne demande pas quel est le but de la connaissance : elle s'est produite fortuitement, c'est-à-dire sans intention finale raisonnable. Comme une extension ou un durcissement et un raffermissement d'une manière de penser et d'agir nécessaire dans certains cas.

130

Par nature, l'homme n'est pas là pour la connaissance — la *véracité* (et la *métaphore*) a produit le penchant à la vérité. Ainsi un phénomène moral, esthétiquement généralisé, donne l'instinct intellectuel.

131

L'analogue rappelle l'analogue et se compare par ce moyen : c'est cela le connaître, la rapide subsumption du même genre. Seul l'analogue perçoit l'analogue : un processus physiologique. Ce même qui est mémoire est aussi perception du nouveau. Pas de pensée de la pensée.

132

Combien le monde a de valeur, son plus petit fragment doit aussi le révéler — voyez l'homme, vous saurez alors ce que vous avez à attendre du monde.

133

La nécessité produit parfois la véracité comme moyen d'existence d'une société.

L'instinct se renforce par un exercice fréquent et est maintenant injustement transposé par métastase. Il devient la tendance en soi. De l'exercice pour des cas déterminés on fait une qualité. Nous avons maintenant l'instinct de la connaissance.

Cette généralisation se produit par l'intermédiaire du *concept* qui s'interpose. C'est avec un *jugement faux* que commence cette qualité — être vrai signifie être *toujours* vrai. De là provient la tendance à ne pas vivre dans le mensonge : suppression de toutes les illusions.

Mais il est chassé d'un filet à l'autre.

134

L'homme bon veut aussi être vrai et croit à la vérité de toutes les choses. Non seulement de la société mais encore du monde. Par conséquent il croit aussi à la possibilité d'approfondir. Car pour quelle raison le monde devrait-il le tromper ?

Il transpose donc sa propre tendance dans le monde et croit que le monde aussi *doit* être vrai à son égard.

135

Je tiens pour faux de parler d'un but inconscient de l'humanité. Elle n'est pas un tout comme une fourmilière. Peut-être peut-on parler du but inconscient d'une cité, d'un peuple : mais quel sens cela a-t-il de parler du but inconscient de *toutes les fourmilières* de la terre ?

136

C'est sur l'impossible que l'humanité se perpétue, ce sont ses *vertus* — l'impératif catégorique, comme la prière « enfants, aimez-vous », sont de telles exigences de l'impossible.

La *pure logique* est donc l'impossible grâce auquel la science se maintient.

Le philosophe est le plus rare au milieu de ce qui est grand parce que le connaître ne vint à l'homme qu'accessoirement et non comme don originel. C'est aussi pourquoi il est le type supérieur de ce qui est grand.

137

Notre science de la nature va à la *ruine*, vers la même fin que celle de la connaissance.

Notre culture historique va à la mort de toute civilisation. Elle combat les religions — c'est accessoirement qu'elle anéantit les civilisations.

C'est une réaction non naturelle contre la pression religieuse effroyable — fuyant maintenant jusqu'à l'extrême. Sans aucune mesure.

138

Une morale *négatrice* suprêmement grandiose, parce que merveilleusement impossible. Quel sens cela a-t-il que l'homme dise non ! en toute franchise, tandis que tous ses sens et tous ses nerfs disent oui ! et que chaque fibre, chaque cellule s'oppose.

Quand je parle de l'effroyable possibilité que la connaissance tende à la ruine, je suis au moins disposé à faire un compliment à la génération présente : elle n'a rien en elle de telles tendances. Mais quand on voit la marche de la science depuis le xve siècle, une telle puissance et une telle possibilité s'y manifestent sans aucun doute.

139

Une excitation ressentie et un coup d'œil jeté sur un mouvement, reliés l'un à l'autre, donnent la causalité avant tout comme axiome fondé sur l'expérience : deux choses, à savoir une sensation déterminée et une image visuelle déterminée, apparaissent toujours ensemble : que l'une soit la cause de l'autre, c'est une *métaphore empruntée à la volonté et à l'acte*, un raisonnement par analogie.

L'unique causalité qui nous soit consciente est entre le vouloir et le faire — c'est celle que nous reportons sur toutes les choses pour nous expliquer le rapport de deux variations concomitantes. L'intention ou le vouloir produit les *nomina*, le faire les *verba*.

L'animal en tant que voulant — c'est son essence.

A partir de la *qualité et de l'acte :* une qualité conduit de nous à l'agir : tandis qu'au fond il en est de telle façon qu'à partir des actions nous concluons à des qualités : nous admettons des qualités parce que nous voyons des actions d'un ordre déterminé.

Ainsi : ce qui vient en premier est *l'action*, nous relions celle-ci à une qualité.

D'abord naît le mot pour l'action ; de là le mot pour la qualité. Cette relation reportée sur toutes les choses est la *causalité*.

D'abord « voir », ensuite « vision ». Le « voyant » passe pour la cause du « voir ». Entre le sens et sa fonction nous sentons une relation régulière : la causalité est la transposition de cette relation (du sens à la fonction sensorielle) à toutes les choses.

Un phénomène originel est : rapporter à l'œil l'excitation ressentie dans l'œil, c'est-à-dire rapporter au sens une excitation sensorielle. En soi ce qui est donné c'est seulement une excitation : ressentir celle-ci comme une action de l'œil et la nommer « voir », c'est une induction causale. *Ressentir une excitation comme étant une activité*, ressentir comme actif quelque chose de passif, c'est la première sensation de causalité, c'est-à-dire que la première sensation apporte déjà avec elle cette sensation de causalité. La connexion interne de l'excitation et de l'activité, reportée sur toutes les choses. *L'œil est actif à la suite d'une excitation :* c'est-à-dire voit. C'est à partir de nos fonctions sensorielles que nous expliquons le monde, c'est-à-dire nous présupposons partout une causalité parce que nous *éprouvons continuellement* nous-mêmes de semblables variations [27].

140

Temps, espace et causalité ne sont que des *métaphores* de la connaissance par lesquelles nous interprétons les choses. Excitation et activités reliées l'une à l'autre : comment cela se fait, nous ne le savons pas, nous ne comprenons aucune causalité particulière mais nous en avons une expérience immédiate. Toute souffrance provoque une action, toute action une souffrance — ce sentiment le plus général est déjà une *métaphore*. La multiplicité perçue présuppose donc déjà le temps et l'espace, succession et juxtaposition. La juxtaposition dans le temps produit la sensation d'espace.

La sensation de temps donnée avec le sentiment de la cause et de l'effet, comme réponse à la question des degrés de rapidité des diverses causalités.

Ne dériver la sensation d'espace que comme métaphore de la sensation du temps — ou l'inverse ?

Deux causalités localisées l'une à côté de l'autre.

141

Notre seule façon de nous rendre maîtres de la multiplicité est de faire des catégories, par exemple d'appeler « hardi » un grand nombre de modes d'action. Nous nous les expliquons quand nous les portons sous la rubrique « hardi ». Tout expliquer et tout connaître n'est proprement qu'un dénommer. — Donc, d'un saut hardi : la multiplicité des choses est mise d'accord lorsque nous les considérons en quelque sorte comme les actions innombrables d'*une même* qualité, par exemple en tant qu'actions de l'*eau*, comme chez Thalès. Nous avons ici une transposition : une abstraction embrasse d'innombrables actions et prend valeur de cause. Quelle est l'abstraction (qualité) susceptible d'embrasser la multiplicité des choses ? La qualité « aqueux », « humide ». Le monde entier est humide, *donc être humide est le monde entier*. Métonymies. Un faux syllogisme. Un prédicat est confondu avec une somme de prédicats (définition).

142

La *pensée logique*, peu exercée chez les Ioniens, se développe très lentement. Nous saisirons plus justement les faux syllogismes en tant que métonymies, c'est-à-dire de façon rhétorique et poétique.

Toutes les *figures de rhétorique* (c'est-à-dire l'essence du langage) sont de *faux syllogismes*. Et c'est avec eux que commence la raison !

143

Nous voyons à la fois comment d'abord on continue à *philosopher* et comment *est né le langage,* c'est-à-dire illogiquement.

Alors s'ajoute le pathos de la *vérité* et de la *véracité*. Celui-ci n'a d'abord rien à voir avec la logique. Il énonce seulement qu'*aucune illusion consciente* n'est commise. Mais ces illusions dans le langage et dans la philosophie sont d'abord inconscientes et très difficiles à amener à la conscience. Toutefois par la confrontation de philosophies différentes, établies avec le même pathos (ou par la confrontation de religions différentes) s'établit un combat singulier. Dans la rencontre de religions ennemies chacune s'aida par le fait qu'elle expliquait les autres comme étant fausses : il en fut de même des systèmes.

C'est ce qui conduisit quelques penseurs au scepticisme : la vérité est dans le puits ! gémirent-ils.

Chez Socrate la véracité entre en possession de la logique : elle remarque l'infinie difficulté de dénommer justement.

144

Ce sont sur des tropes et non sur des raisonnements inconscients que reposent nos perceptions sensibles. Identifier le semblable avec le semblable, découvrir quelque ressemblance entre une chose et une autre, c'est le processus originel. La *mémoire* vit de cette activité et s'exerce continuellement. Le phénomène originel est donc la *confusion* — ce qui suppose *l'acte de voir les formes*. L'image dans l'œil donne la mesure à notre connaître, puis le rythme la donne à notre ouïe. A partir de l'œil nous ne serions jamais parvenus à la représentation du temps, à partir de l'oreille pas davantage à la représentation de l'espace. Au sens du toucher correspond la sensation de causalité.

Initialement nous ne voyons les images dans l'œil qu'*en nous*, nous n'entendons le son qu'*en nous* — de là à admettre l'existence d'un monde extérieur, il y a un grand pas. La plante, par exemple, ne sent aucun monde extérieur. Le sens du toucher et en même temps l'image visuelle donnent deux sensations juxtaposées ; celles-ci, parce qu'elles apparaissent toujours l'une avec l'autre, éveillent la représentation d'une connexion (par le moyen de la *métaphore* — car tout ce qui apparaît en même temps n'est pas connexe).

L'abstraction est un produit de grande importance. C'est une impression durable qui s'est fixée et durcie dans la mémoire et qui convient à de très nombreux phénomènes et qui pour cela est à chacun en particulier très inappropriée et très insuffisante.

145

Mensonge de l'homme envers lui-même et envers les autres : présupposition : l'ignorance — nécessaire pour exister (seul et en société). Dans le *vide* s'insère l'illusion des représentations. Le rêve. Les concepts reçus (qui, malgré la nature, dominent le peintre germanique) différents à toutes les époques. Métonymies. Excitations et non pas connaissances complètes.

L'œil donne des formes. Nous sommes attachés à la surface. Le penchant pour le beau. Manque de logique, mais des métaphores. Des religions, des philosophies. *Imitation* [28].

146

L'imitation est le moyen de toute civilisation, c'est par ce moyen que l'instinct se forme peu à peu. *Toute comparaison (pensée originelle) est une imitation.* C'est ainsi que se forment des *espèces* telles qu'elles sont des exemplaires semblables qui imitent avec force les premières, c'est-à-dire copient l'exemplaire le plus grand et le plus fort. L'apprentissage d'une *seconde nature* par l'imitation. C'est dans la procréation que la reproduction inconsciente est la plus remarquable et en outre l'éducation d'une seconde nature.

147

Nos sens imitent la nature en contrefaisant celle-ci toujours davantage.

L'imitation suppose une réception, puis une transposition continue de l'image perçue en mille métaphores, toutes efficaces. L'*analogue*.

148

Quelle puissance contraint à l'imitation ? L'appropriation d'une impression étrangère au moyen de métaphores. Excitation — image du souvenir, liées par la métaphore (raisonnement par analogie). Résultat : des ressemblances sont découvertes et ranimées. L'excitation *répétée* se déroule une fois de plus à propos d'une image du souvenir.

L'excitation perçue — maintenant *répétée* en de nombreuses métaphores au milieu desquelles les images apparentées affluent des différentes rubriques. Toute perception vise une imitation multiple de l'excitation, mais avec transposition sur des terrains variés.

L'excitation ressentie — transmise aux nerfs afférents, là répétée dans la transposition et ainsi de suite.

Ce qui a lieu c'est la traduction d'une impression sensorielle en d'autres : à l'audition de certains sons, bien des gens voient quelque chose ou savourent quelque chose. C'est un phénomène tout à fait général.

149

Le fait d'*imiter* est le contraire du fait de *connaître* en ce sens que précisément le fait de connaître ne veut faire valoir aucune transposition mais veut maintenir l'impression sans métaphore et sans conséquences. A cet usage, l'impression est pétrifiée : elle est prise et marquée par les concepts, puis tuée, dépouillée et momifiée et conservée sous forme de concept.

Or il n'y a pas d'expression « intrinsèque » et *pas de connaissance intrinsèque sans métaphore*. Mais l'illusion à ce sujet persiste, c'est-à-dire la croyance à une vérité de l'impression sensorielle. Les métaphores les plus habituelles, celles qui sont usuelles, ont maintenant valeur de vérités et de mesure pour les plus rares. Seule gouverne ici en soi la différence entre coutume et nouveauté, fréquence et rareté.

Le *fait de connaître* est seulement le fait de travailler sur les métaphores les plus agréées, c'est donc une façon d'imiter qui n'est plus sentie comme imitation. Il ne peut donc naturellement pas pénétrer dans le royaume de la vérité.

Le pathos de l'instinct de vérité présuppose l'observation que les différents univers métaphoriques sont désunis et se combattent, par exemple le rêve, le mensonge, etc., contre la manière de voir habituelle et usuelle : l'une est plus rare, l'autre plus fréquente. Ainsi l'usage combat l'exception, le réglementaire contre l'inhabituel. De là vient que le respect de la réalité quotidienne passe avant le monde du rêve.

Or ce qui est rare et inhabituel est *ce qui a le plus de charme* — le mensonge est ressenti comme séduction. Poésie.

150

Toutes les lois de la nature ne sont que des *relations* d'un x à un y à un z. Nous définissons les lois de la nature comme les relations à un x, y, z dont chacun à son tour ne nous est connu qu'en tant que relation à d'autres x, y, z.

A strictement parler, le fait de connaître a la seule forme de la tautologie et *est vide*. Toute connaissance qui nous fait avancer est une *manière d'identifier le non-identique* et le semblable, c'est-à-dire est essentiellement illogique.

Ce n'est que par cette voie que nous acquérons un concept, après quoi nous faisons comme si le concept « homme » était quelque chose d'effectif alors qu'il a été créé par nous du fait de l'abandon de tous les traits individuels. Nous postulons que la nature procède selon un tel concept : mais ici la nature d'abord et le concept ensuite sont anthropomorphiques. L'*omission* de ce qui est individuel nous donne le concept et avec lui commence notre connaissance : dans la *dénomination*, dans l'établissement des *genres*. Mais c'est à quoi ne correspond pas l'essence des choses. De nombreux traits particuliers déterminent pour nous une chose, non pas toutes : l'identité de ces traits nous engage à comprendre plusieurs objets sous un même concept.

Nous produisons les êtres en tant qu'ils sont *porteurs*

de qualités et les abstractions en tant qu'elles sont causes de ces qualités. Le fait qu'une unité — un arbre, par exemple — nous apparaisse comme une multiplicité de qualités, de relations, est doublement anthropomorphique : d'abord cette unité délimitée « arbre » n'existe pas ; il est arbitraire de découper ainsi une chose (d'après l'œil, d'après la forme), cette relation n'est pas la vraie relation absolue, mais elle est à nouveau teintée d'anthropomorphisme.

151

Le philosophe ne cherche pas la vérité mais la métamorphose du monde dans les hommes : il lutte pour la compréhension du monde avec la conscience de soi. Il lutte en vue d'une *assimilation :* il est satisfait quand il a réussi à poser quelque chose d'anthropomorphique. De même que l'astrologue voit l'univers au service des individus particuliers, de même le philosophe voit le monde comme étant un être humain.

152

L'essence de la définition : le crayon est un solide allongé, etc. A est B. Ce qui est allongé est ici en même temps coloré. — Les qualités ne détiennent que des relations. Un solide déterminé est égal à tant et tant de relations. Les relations ne peuvent jamais être l'essence mais seulement des conséquences de l'essence. Le jugement synthétique décrit un objet d'après ses conséquences, c'est-à-dire que des *essences* et des *formes* sont *identifiées,* autrement dit il y a une *métonymie.*

Dans l'essence du jugement synthétique se trouve donc une *métonymie.* C'est dire qu'il est une *fausse équation.* Donc les *syllogismes synthétiques sont illogiques.* Quand nous les utilisons nous présupposons la métaphysique populaire, c'est-à-dire celle qui prend les effets pour les causes.

Le concept « crayon » est confondu avec la « chose » crayon. Le « est » du jugement synthétique est faux, il comporte une transposition, deux sphères d'ordre différent sont comparées, entre lesquelles une équation ne peut jamais prendre place.

Nous vivons et nous pensons au milieu des seuls effets de *l'illogique,* dans le non-savoir et le faux-savoir.

153

Les individus sont les ponts sur lesquels repose le devenir. Toutes les qualités ne sont originellement que des *actions uniques,* puis des actions souvent répétées dans des cas semblables, enfin des habitudes. A toute action prend part l'essence entière de l'individu et à une habitude correspond une transformation spécifique de l'individu. Tout est individuel dans un individu, jusqu'à la plus petite cellule ; ce qui signifie que la totalité prend part à toutes les expériences et à tous les passés. De là la possibilité de la *procréation.*

154

Du fait de leur isolement quelques suites de concepts peuvent devenir si véhémentes qu'elles attirent à elles la force d'autres instincts. Il en est ainsi, par exemple, de l'instinct de la connaissance.

Une nature ainsi préparée, déterminée jusque dans les cellules, se perpétue alors de nouveau et se transmet héréditairement : s'accroissant jusqu'à ce qu'enfin l'absorption orientée d'un seul côté détruise la vigueur générale.

155

L'artiste ne contemple pas des « idées » : il ressent du plaisir aux relations numériques.

Tout plaisir repose sur la proportion, tout déplaisir sur une disproportion.

Les concepts construits sur le modèle des nombres.

Les intuitions qui représentent de bonnes relations numériques sont belles.

L'homme de science *calcule* les nombres afférents aux lois de la nature, l'artiste les *contemple* : là, légalité, ici beauté.

L'objet de la contemplation de l'artiste est tout à fait superficiel, aucune « idée » ! L'enveloppe la plus légère pour de beaux nombres.

156

L'œuvre d'art se rapporte à la nature de la même façon que le cercle mathématique se rapporte au cercle naturel.

NOTES POUR LA PRÉFACE

157

Dédié à Arthur Schopenhauer l'immortel. — Préface à Schopenhauer — Entrée aux Enfers — Je t'ai sacrifié mainte brebis noire — à propos de quoi les autres brebis se plaignent.

158

Je ne prends dans ce livre aucune considération des érudits contemporains et je donne ainsi l'impression de les compter au nombre des choses indifférentes. Mais si l'on veut réfléchir tranquillement aux choses sérieuses, on ne doit pas être dérangé par un spectacle répugnant. Je tourne maintenant à contrecœur les yeux vers eux pour leur dire qu'ils ne me sont pas indifférents mais que je souhaiterais volontiers qu'ils me le fussent.

159

Je fais une tentative pour être utile à ceux qui méritent d'être initiés opportunément et sérieusement à l'étude de la philosophie. Que cette tentative réussisse ou non, je sais cependant trop bien qu'il faut la surpasser et je ne lui souhaite rien de plus, pour le bien de cette philosophie, que d'être imitée et surpassée.

A ceux-là il faut conseiller, pour de bonnes raisons, de ne pas s'en remettre aux directives de quelques universitaires, philosophes de métier, mais de lire Platon.

Ils doivent avant tout désapprendre toutes sortes de bourdes et devenir simples et naturels.

Danger de tomber en de mauvaises mains.

160

Les philologues de ce temps se sont montrés indignes de pouvoir me compter des leurs, moi et mon livre : il manque de peu l'assurance que même en ce cas je m'en remette à eux pour savoir si oui ou non ils veulent apprendre quelque chose ; mais je ne me sens pas enclin à leur faire des avances de quelque façon que ce soit.

Ce qui s'intitule à présent philologie et que je n'indique à dessein que de façon neutre, pourrait cette fois encore négliger mon livre : car il est de nature virile et ne vaut rien pour les castrats. Il leur convient bien mieux de rester assis devant le métier à tisser la conjecture.

161

A ceux qui ne veulent ressentir qu'une satisfaction d'*érudit*, je n'ai pas rendu la chose facile parce qu'au bout du compte je ne comptais pas du tout sur eux. Les citations manquent.

162

En matière de sentences sages, le siècle des Sept Sages n'y regardait pas de si près quant à la propriété littéraire, mais prenait celle-ci au sérieux une fois que quelqu'un annexait une sentence.

163

Écrire d'une manière absolument impersonnelle et froide [29].
Laisser tomber les « nous » et les « je ». Limiter même les phrases avec la conjonction « que ». Éviter autant que possible tout terme technique.

Il faut tout dire de façon aussi précise que possible et laisser de côté tout terme technique, même « volonté ».

164

Je voudrais traiter la question de la valeur de la connaissance comme un ange glacial qui perce tout le fatras. Sans être méchant mais aussi sans aménité.

EN VUE DU PLAN : « LE DERNIER PHILOSOPHE »

165

On a fait échouer la fin originelle de la philosophie.
Contre l'historiographie iconique.
Philosophie, sans civilisation, et science.
Position modifiée de la philosophie depuis Kant. La métaphysique devenue impossible. Autocastration.

La tragique résignation, la fin de la philosophie.
L'art seul susceptible de nous sauver.

1. Les philosophes restants.
2. Vérité et illusion.
3. Illusion et civilisation.
4. Le dernier philosophe.

La méthode des philosophes pour en finir se borne à un jeu de rubriques.
L'instinct illogique.
Véracité et métaphore.

Devoir de la philosophie grecque : la maîtrise.
Effet barbare de la connaissance.
La vie dans l'illusion.

Philosophie morte depuis Kant.
Schopenhauer le simplificateur écarte la scolastique.
Science et civilisation. Contraires.
Devoir de l'art.
Le chemin est l'éducation.
La philosophie doit produire le dénuement tragique.

La philosophie des temps modernes, sans naïveté, scolastique, surchargée de formules.

Schopenhauer le simplificateur.
Nous n'autorisons plus la fiction conceptuelle. Seulement dans l'œuvre d'art.
Remède contre la science ? Où ?
La civilisation comme remède. Pour y être réceptif il faut avoir connu l'insuffisance de la science. Tragique résignation. Dieu sait ce qui nous est réservé en fait de civilisation ! Elle commence par la queue !

(Kröner, X, pp. 109-179.)

II

LE PHILOSOPHE COMME MÉDECIN DE LA CIVILISATION
(printemps 1873)

166

Plan. Qu'est-ce qu'un philosophe ?
Quelle relation un philosophe a-t-il avec la civilisation ?
Et spécialement avec la civilisation tragique ?
Préparation. Quand les œuvres disparaissent-elles ?
Les sources. *a)* pour la vie, *b)* pour les dogmes.
La chronologie. Vérifiée par les systèmes.
Partie principale. Les philosophes avec des paragraphes et des digressions.
Conclusion. La position de la philosophie par rapport à la civilisation.

167

Qu'est-ce que le philosophe ?
1. *Au-delà des sciences :* dématérialiser.
2. *En deçà des religions :* démythifier les dieux et les enchantements.
3. Types : le culte de l'intellect.
4. Transpositions anthropomorphiques.

Quelle tâche incombe maintenant à la philosophie ?
1. Impossibilité de la métaphysique.
2. Possibilité de la Chose en soi. Au-delà des sciences.

3. La science comme sauvegarde devant le miracle.
4. La philosophie contre le dogmatisme des sciences.
5. Mais seulement au service d'une civilisation.
6. La manière de simplifier de Schopenhauer.
7. Sa métaphysique populaire et artistiquement possible. Les résultats attendus de la philosophie sont opposés.
8. Contre la culture générale.

168

La philosophie n'a rien de général : elle est tantôt science, tantôt art.

Empédocle et Anaxagore : le premier veut la magie, le second les lumières de la raison, le premier est contre la sécularisation, le second pour.

Les Pythagoriciens et Démocrite : la science rigoureuse de la nature.

Socrate et le scepticisme aujourd'hui nécessaire.

Héraclite : idéal apollinien, tout est apparence et jeu.

Parménide : chemin vers la dialectique et *organon* scientifique.

Le seul qui soit en paix, c'est Héraclite.

Thalès veut parvenir à la science, de même Anaxagore, Démocrite, l'organon de Parménide, Socrate.

Anaximandre en est de nouveau éloigné, de même Empédocle, Pythagore.

169

1. *L'imperfection* essentielle des choses :
des conséquences d'une religion, c'est-à-dire soit optimistes soit pessimistes.
des conséquences de la civilisation.
des conséquences des sciences.

2. L'existence de préservatifs qui combattent un certain temps. C'est à quoi appartient la *philosophie* en

soi absolument pas actuelle. Peinte et emplie suivant le goût du temps.

3. La philosophie grecque archaïque, contre le mythe et pour la science, partiellement contre la sécularisation.

A l'époque tragique : favorables, Pythagore, Empédocle, Anaxagore ; hostile d'une façon apollinienne, Héraclite ; se désolidarisant de tout art, Parménide.

170

I. *Introduction*. Quel est le pouvoir d'un philosophe en ce qui concerne la civilisation de son peuple ?

Il semble

a) un solitaire indifférent ;
b) le maître des cent têtes les plus spirituelles et les plus abstraites ;
c) ou bien le destructeur haineux de la civilisation nationale ;

En b) l'effet n'est qu'indirect mais il est présent comme en c).

En a) il peut arriver, par l'absence de convenance des moyens et de la fin dans la nature, qu'il reste solitaire. Cependant son œuvre reste pour les temps à venir. On se demande cependant précisément s'il a été nécessaire à son temps.

A-t-il une relation *nécessaire* avec le peuple ? Y a-t-il une téléologie du philosophe ?

Dans la réponse on doit savoir ce que l'on appelle « son temps » : cela peut être un temps minime ou un très grand.

Thèse essentielle : il ne peut *créer une civilisation*, mais la préparer, supprimer les entraves ou bien la modérer et ainsi la conserver ou bien la détruire } toujours seulement en niant.

Jamais un philosophe, dans ses aspects positifs, n'a entraîné le peuple derrière lui. Car il vit dans le culte de l'intellect.

A l'égard de tous les aspects positifs d'une civilisation, d'une religion, son attitude est *dissolvante* et *destructive* (même s'il cherche à *fonder*).

Il est le plus utile quand *il y a beaucoup à détruire* aux temps du chaos et de la dégénération.

Toute civilisation florissante tend à rendre le philosophe *inutile* (ou bien à l'isoler complètement). On peut expliquer de deux façons l'isolement ou la frustration ;

a) par l'absence de convenance des moyens et de la fin dans la nature (alors qu'il serait nécessaire) ;

b) par la prévoyance téléologique de la nature (lorsqu'il n'est pas utile).

II. Ses effets destructeurs et tranchants — sur quoi ?

III. Maintenant qu'il n'y a pas de civilisation, il doit préparer (détruire) quoi ?

IV. Les attaques contre la philosophie.

V. Les philosophes frustrés.

Les deux sont la conséquence de l'absence de convenance des moyens et de la fin dans la nature, qui ruine d'innombrables germes : mais elle réussit cependant quelques grands : Kant et Schopenhauer.

VI. Kant et Schopenhauer. Le progrès vers une civilisation plus libre de l'un à l'autre.

Téléologie de Schopenhauer en regard d'une civilisation à venir.

Sa double philosophie positive (le noyau central vivant manque) — un conflit seulement pour ceux qui n'ont plus d'espoir. Comment la civilisation à venir surmontera ce conflit.

171

Valeur de la philosophie :

Purification de toutes les représentations confuses et superstitieuses. Contre le dogmatisme des sciences.

Dans la mesure où elle est science elle est purificatrice et éclairante, dans la mesure où elle est antiscientifique elle est obscurcissante à la manière religieuse.

Suppression de la psychologie et de la théologie rationnelles.
Preuve de l'anthropomorphique absolu.
Contre l'acception rigide des concepts éthiques.
Contre la haine du corps.
Désavantages de la philosophie :
Dissolution des instincts,
        des civilisations,
        des mœurs.

Activité spécifique de la philosophie pour les temps présents.
Manque de l'éthique populaire.
Manque du sentiment de l'importance de la connaissance et du choix.
Caractère superficiel de la considération de l'Église, de l'État et de la société.
La rage pour l'histoire.
L'éloquence de l'art et l'absence de civilisation.

172

Tout ce qui *a une importance générale* dans une science est devenu *fortuit* ou bien *manque totalement*.
L'étude de la langue sans la stylistique ni la rhétorique [1].
Les études indiennes sans la philosophie.
L'antiquité classique sans étudier sa relation avec les applications pratiques.
La science de la nature sans cette action salutaire et cette paix que Goethe y trouva.
L'histoire sans l'enthousiasme.
Bref, toutes les sciences sans leur application pratique : donc autrement conduites que ne l'ont fait les vrais hommes de civilisation. La science conçue comme un gagne-pain !
Vous pratiquez la *philosophie* avec des jeunes gens sans expérience : vos vieillards se tournent vers l'histoire. Vous n'avez pas du tout de philosophie popu-

laire, mais par contre des conférences populaires honteusement uniformes. Des sujets de composition proposés par les universités aux étudiants, sur Schopenhauer ! Des discours populaires sur Schopenhauer ! Cela manque de toute dignité !

Comment la science put devenir ce qu'elle est maintenant ne peut s'expliquer que par le développement de la religion.

173

S'ils sont anormaux, n'ont-ils alors rien à faire avec le peuple ? Il n'en est pas ainsi : le peuple *a besoin* des anomalies *bien qu'elles n'existent pas à cause de lui*.

L'œuvre d'art en fournit la preuve : c'est le créateur qui la comprend et malgré cela elle est tournée d'un côté vers le public.

Nous voulons connaître cet aspect du philosophe où il se tourne vers le peuple et ne pas discuter sa nature curieuse (donc la fin propre, la question pourquoi ?). Cet aspect est maintenant, du point de vue de notre temps, difficile à connaître : parce que nous ne possédons pas une telle unité populaire de la civilisation. Pour cette raison, les Grecs.

174

Philosophie *non pas pour le peuple, donc non pas la base d'une civilisation* mais seulement l'instrument d'une civilisation.

a) Contre le dogmatisme des sciences ;

b) contre le désordre figuratif des religions mythiques au sein de la nature ;

c) contre le désordre éthique occasionné par les religions.

Son essence est conforme à cette fin qui est la sienne

a) 1. convaincue de l'existence de l'élément anthropomorphique ; est sceptique ;
    2. a le choix et la grandeur ;

3. survolant la représentation de l'unité ;
b) est une saine interprétation et une simple saisie de la nature ; est une preuve ;
c) détruit la croyance dans l'inviolabilité de telles lois.

Sa détresse sans la civilisation, illustrée dans le temps présent.

175

Le philosophe comme médecin de la civilisation.

Pour l'introduction de l'ensemble : description du VIIe siècle : préparation de la civilisation, opposition des instincts ; l'apport oriental. Centralisation de la culture à partir d'Homère.

Je parle des Préplatoniciens, car avec Platon commence l'hostilité ouverte contre la civilisation, la négation. Mais je veux savoir comment se comporte envers une civilisation présente ou à venir la philosophie qui n'est pas une ennemie : le philosophe est ici l'empoisonneur de la civilisation.

Philosophie et peuple. — Aucun des grands philosophes grecs n'entraîne le peuple derrière lui : cela a été surtout recherché par Empédocle (ensuite Pythagore), cependant pas avec la philosophie pure mais avec un véhicule mystique de celle-ci. D'autres écartent le peuple a priori (Héraclite). D'autres ont pour public un cercle très distingué d'esprits cultivés (Anaxagore). Celui qui possède au maximum la tendance démocratique et pédagogique est Socrate : le résultat en est la fondation de sectes, donc une preuve du contraire. Ce que de tels philosophes n'ont pu réussir, comment de moins grands le réussiraient-ils ? Il n'est pas possible de fonder une civilisation populaire sur la philosophie. Ainsi, par rapport à une civilisation, la philosophie ne peut jamais avoir une signification fondamentale mais toujours seulement une signification accessoire. Quelle est cette dernière ?

Maîtrise du mythique : renforcement du sens de la vérité contre la libre fiction, *vis veritatis* ou renforcement de la connaissance pure (Thalès, Démocrite, Parménide).

Maîtrise de l'instinct du savoir : ou renforcement du mystico-mythique, de tout ce qui est art (Héraclite, Empédocle, Anaximandre). Législation de la *grandeur!*

Destruction du dogmatisme rigide :
a) dans la religion ;
b) dans les mœurs ;
c) dans la science.

Courant *sceptique*.

Toute force (religion, mythe, instinct du savoir) a, lorsqu'elle est excessive, en tant que domination rigide (Socrate), des effets barbarisants, immoraux et abrutissants.

Destruction de l'aveugle sécularisation (équivalent de la religion) (Anaxagore, Périclès). Courant *mystique*.

Résultat : elle ne peut créer aucune civilisation ;
mais la préparer ;
ou la conserver ;
ou la modérer.

Pour nous : Le philosophe est en conséquence la Cour suprême de l'école. Préparation du génie : car nous n'avons pas de civilisation. Du diagnostic du temps il résulte pour l'école la mission suivante :

1. Destruction de la sécularisation (pénurie de la philosophie populaire) ;

2. Maîtrise des effets barbarisants de l'instinct du savoir (en s'abstenant soi-même des subtilités philosophiques).

Contre l'histoire « iconique ».

Contre les érudits « prolétaires ».

La civilisation ne peut jamais provenir que de la signification unifiante d'un art ou d'une œuvre d'art. La philosophie préparera involontairement la contemplation de l'univers propre à celle-ci.

(Kröner, X, pp. 180-188.)

III

INTRODUCTION THÉORÉTIQUE SUR LA VÉRITÉ ET LE MENSONGE AU SENS EXTRA-MORAL
(été 1873)

(exposé continu)

1

En quelque coin écarté de l'univers répandu dans le flamboiement d'innombrables systèmes solaires, il y eut une fois une étoile sur laquelle des animaux intelligents inventèrent la connaissance. Ce fut la minute la plus arrogante et la plus mensongère de l'« histoire universelle [1] » : mais ce ne fut qu'une minute. A peine quelques soupirs de la nature et l'étoile se congela, les animaux intelligents durent mourir. — Telle est la fable que quelqu'un pourrait inventer, sans parvenir cependant à illustrer quelle exception lamentable, combien vague et fugitive, combien vaine et quelconque, l'intellect humain constitue au sein de la nature. Il y eut des éternités dans lesquelles il n'était pas ; et si de nouveau c'en est fait de lui, il ne se sera rien passé. Car il n'y a pas pour cet intellect une mission plus vaste qui dépasserait la vie humaine. Il n'est qu'humain et il n'y a que son possesseur et producteur pour le prendre aussi pathétiquement que si les pivots du monde tournaient en lui. Mais si nous pouvions nous entendre avec la mouche, nous conviendrions qu'elle aussi évolue dans l'air avec le même pathos et sent voler en elle le centre de ce monde. Il n'est rien de si mauvais ni de si insignifiant dans la nature qui, par un petit souffle de cette force du connaître, ne soit aussitôt enflé comme une outre ; et de même que tout portefaix veut avoir son admirateur, ainsi l'homme le plus fier, le philosophe, entend bien avoir de toutes parts les yeux de l'univers braqués avec un télescope sur son action et sur sa pensée.

Il est remarquable que ce soit l'intellect qui produise cet état de fait alors qu'il n'a justement été donné en aide aux êtres les plus infortunés, les plus délicats et les plus éphémères que pour les maintenir une minute dans l'existence ; c'est l'intellect, ce surplus, sans lequel ils auraient tout sujet de se sauver aussi vite que le fils de Lessing. Cet orgueil lié au connaître et au sentir, bandeau de nuée posé sur les yeux et les sens des hommes[2], leur fait illusion quant à la valeur de l'existence en portant lui-même sur le connaître l'appréciation la plus flatteuse. Son effet le plus général est l'illusion, mais aussi les effets les plus particuliers portent en eux quelque chose du même caractère.

En tant qu'il est un moyen de conservation pour l'individu, l'intellect développe ses forces principales dans la dissimulation[3] ; celle-ci est en effet le moyen par lequel les individus plus faibles, moins robustes, subsistent en tant que ceux à qui il est refusé de mener une lutte pour l'existence avec des cornes ou avec la mâchoire aiguë d'une bête de proie. Chez l'homme cet art de la dissimulation atteint son sommet : l'illusion, la flatterie, le mensonge et la tromperie, les commérages, les airs d'importance, le lustre d'emprunt, le port du masque, le voile de la convention, la comédie pour les autres et pour soi-même, bref le cirque perpétuel de la flatterie pour une flambée de vanité, y sont tellement la règle et la loi que presque rien n'est plus inconcevable que l'avènement d'un honnête et pur instinct de vérité parmi les hommes. Ils sont profondément plongés dans les illusions et les songes, leur œil ne fait que glisser à la surface des choses, il y voit des « formes », leur sensation ne conduit nulle part à la vérité, elle se contente seulement de recevoir des excitations et de jouer comme sur un clavier sur le dos des choses. En outre, une vie durant, l'homme se laisse la nuit tromper dans le rêve sans que son sens moral cherche jamais à l'en empêcher : alors qu'il doit y avoir des hommes qui, à force de volonté, ont supprimé le ronflement. Que sait à vrai dire l'homme de lui-même ? Et pourrait-il même se percevoir intégralement tel qu'il est, comme exposé dans une vitrine illuminée ? La nature ne lui cache-t-elle pas la plupart des choses, même sur son corps, afin de le retenir enfermé à l'écart des replis de ses boyaux, du courant rapide de son sang, des vibrations complexes de ses fibres, dans une conscience fière et chimérique ? Elle a jeté la clé : malheur à la curiosité fatale qui aimerait regarder par une fente bien loin hors de la chambre de la conscience et pressentirait alors que c'est sur ce qui est impitoyable, avide, insatiable, meurtrier, que repose l'homme dans l'indifférence de son ignorance, accroché au rêve comme sur le dos d'un tigre. D'où, par le monde, dans cette constellation pourrait venir l'instinct de vérité !

Dans la mesure où, face aux autres individus, l'individu veut se conserver, c'est le plus souvent seulement pour la dissimulation qu'il utilise l'intellect dans un état naturel des choses : mais comme l'homme, à la fois par nécessité et par ennui, veut exister socialement et grégairement, il a besoin de conclure la paix[4] et cherche, conformément à cela, à ce qu'au moins disparaisse de son monde le plus grossier *bellum omnium contra omnes*. Cette conclusion de paix apporte avec elle quelque chose qui ressemble au premier pas en vue de l'obtention de cet énigmatique instinct de vérité. C'est-à-dire qu'est maintenant fixé ce qui désormais doit être « vérité », ce qui veut dire qu'on a trouvé une désignation des choses uniformément valable et obligatoire, et la législation du langage donne même les premières lois de la vérité[5] : car naît ici pour la première fois le contraste de la vérité et du mensonge. Le menteur fait usage des désignations valables, les mots, pour faire que l'irréel apparaisse réel : il dit, par exemple, « je suis riche », tandis que, pour son état, « pauvre » serait la désignation correcte. Il mésuse des conventions fermes au moyen de substitutions volontaires ou d'inversions de noms. S'il fait cela d'une manière intéressée et surtout préjudiciable, la société ne lui accordera plus sa confiance et dès lors l'exclura. Les hommes ne fuient pas tellement le fait d'être trompé que le fait de subir un dommage par la tromperie : au fond, à ce niveau, ils ne haïssent donc pas l'illusion, mais les conséquences fâcheuses et hostiles de certaines sortes d'illusions. C'est dans un sens aussi restreint que l'homme veut seulement la vérité : il convoite les suites agréables de la vérité, celles qui conservent la vie ; envers la connaissance pure et sans conséquence il est indifférent, envers les vérités préjudiciables et destructrices il est même hostilement disposé. Et en outre : qu'en est-il de ces conventions du langage ? Sont-elles peut-être des témoignages de la connaissance, du sens de la vérité ? Les désignations et les choses coïncident-elles ? Le langage est-il l'expression adéquate de toutes les réalités ?

C'est seulement grâce à sa capacité d'oubli[6] que l'homme peut parvenir à croire qu'il possède une « vérité » au degré que nous venons d'indiquer. S'il ne veut pas se contenter de la vérité dans la forme de la tautologie, c'est-à-dire se contenter de cosses vides, il échangera éternellement des illusions pour des vérités. Qu'est-ce qu'un mot ? La représentation sonore d'une excitation nerveuse dans les phonèmes. Mais conclure d'une excitations nerveuse à une cause extérieure à nous, c'est déjà le résultat d'une application fausse et injustifiée du principe de raison. Comment aurions-nous le droit, si la vérité avait été seule déterminante dans la genèse du langage, et le point de vue de la certitude dans les désignations, comment aurions-nous donc le droit de dire : la pierre est dure : comme si « dure » nous était encore connu autrement et pas seulement comme une excitation toute subjective. Nous classons les choses selon les genres, nous désignons l'arbre comme masculin, la plante comme féminine : quelles transpositions arbitraires ! Combien nous nous sommes éloignés à tire-d'aile du canon de la certitude ! Nous parlons d'un « serpent » : la désignation n'atteint rien que le mouvement de torsion et pourrait donc convenir aussi au ver. Quelles délimitations arbitraires ! Quelles préférences partiales tantôt de telle propriété d'une chose, tantôt de telle autre. Comparées entre elles, les différentes langues montrent qu'on ne parvient jamais par les mots à la vérité, ni à une expression adéquate : sans cela il n'y aurait pas de si nombreuses langues. La « chose en soi » (ce serait justement la pure vérité sans conséquences), même pour celui qui façonne la langue, est complètement insaisissable et ne vaut pas les efforts qu'elle exigerait. Il désigne seulement les relations des choses aux hommes et s'aide pour leur expression des métaphores les plus hardies. Transposer d'abord une excitation nerveuse en une image ! Première métaphore. L'image à nouveau transformée en un son articulé ! Deuxième métaphore. Et chaque fois saut complet d'une sphère dans une sphère tout autre et nouvelle. On peut s'imaginer un homme qui soit totalement sourd et qui n'ait jamais eu une sensation sonore ni musicale : de même qu'il s'étonne des figures acoustiques de Chladni[7] dans le sable, trouve leur cause dans le tremblement des cordes et jurera ensuite là-dessus qu'il doit maintenant savoir ce que les hommes appellent le « son », ainsi en est-il pour nous tous du langage. Nous croyons savoir quelque chose des choses elles-mêmes quand nous parlons d'arbres, de couleurs, de neige et de fleurs et nous ne possédons cependant rien que des métaphores des choses, qui ne correspondent pas du tout aux entités originelles. Comme le son en tant que figure de sable, l'X énigmatique de la chose en soi est prise une fois comme excitation nerveuse, ensuite comme image, enfin comme son articulé. Ce n'est en tout cas pas logiquement que procède la naissance du langage et tout le matériel, à l'intérieur duquel et avec lequel l'homme de la vérité, le savant, le philosophe, travaille et construit par la suite, s'il ne provient pas de Coucou-les-nuages, ne provient pas non plus en tout cas de l'essence des choses.

Pensons encore, en particulier, à la formation des concepts. Tout mot devient immédiatement concept par le fait qu'il ne doit pas servir justement pour l'expérience originale, unique, absolument individualisée, à laquelle il doit sa naissance, c'est-à-dire comme souvenir, mais qu'il doit servir en même temps pour des expériences innombrables, plus ou moins analogues, c'est-à-dire, à strictement parler, jamais identiques et ne doit donc convenir qu'à des cas différents. Tout concept naît de l'identification du non-identique. Aussi certainement qu'une feuille n'est jamais tout à fait identique à une autre, aussi certainement le concept feuille a été formé grâce à l'abandon délibéré de ces différences individuelles, grâce à un oubli des caractéristiques, et il éveille alors la représentation, comme s'il y avait dans la nature, en dehors des feuilles, quelque chose qui serait « la feuille », une sorte de forme originelle selon laquelle toutes les feuilles seraient tissées, dessinées, cernées, colorées, crêpées, peintes, mais par des mains malhabiles au point qu'aucun exemplaire n'aurait été réussi correctement et sûrement, comme la copie fidèle de la forme originelle[8]. Nous appelons un homme « honnête »; pourquoi a-t-il agi aujourd'hui si honnêtement? demandons-nous. Nous avons coutume de répondre : à cause de son honnêteté. L'honnêteté! Cela signifie à nouveau : la feuille est la cause des feuilles. Nous ne savons absolument rien quant à une qualité essentielle qui s'appellerait « l'honnêteté », mais nous connaissons bien des actions nombreuses, individualisées, et par conséquent différentes, que nous posons comme identiques grâce à l'abandon du différent et désignons maintenant comme des actions honnêtes; en dernier lieu nous formulons à partir d'elles une *qualitas occulta*[9] avec le nom : « l'honnêteté ». L'omission de l'individuel et du réel nous donne le concept comme elle nous donne aussi la forme, là où au contraire la nature ne connaît ni formes ni concepts, donc pas non plus de genres, mais seulement un X, pour nous inaccessible et indéfinissable. Car notre antithèse de l'individu et du genre est aussi anthropomorphique et ne provient pas de l'essence des choses, même si nous ne nous hasardons pas non plus à dire qu'elle ne lui correspond pas : ce qui serait une affirmation dogmatique et, en tant que telle, aussi improbable que sa contraire.

Qu'est-ce donc que la vérité ? Une multitude mouvante de métaphores, de métonymies, d'anthropomorphismes, bref, une somme de relations humaines qui ont été poétiquement et rhétoriquement haussées, transposées, ornées, et qui, après un long usage, semblent à un peuple fermes, canoniales et contraignantes : les vérités sont des illusions dont on a oublié qu'elles le sont, des métaphores qui ont été usées et qui ont perdu leur force sensible, des pièces de monnaie qui ont perdu leur empreinte et qui entrent dès lors en considération, non plus comme pièces de monnaie, mais comme métal.

Nous ne savons toujours pas encore d'où vient l'instinct de vérité : car jusqu'à présent nous n'avons entendu parler que de l'obligation qu'impose la société pour exister : être véridique, c'est-à-dire employer les métaphores usuelles ; donc, en termes de morale, nous avons entendu parler de l'obligation de mentir selon une convention ferme, de mentir grégairement dans un style contraignant pour tous. L'homme oublie assurément qu'il en est ainsi en ce qui le concerne ; il ment donc inconsciemment de la manière désignée et selon des coutumes centenaires — et, précisément grâce à cette inconscience et à cet oubli, il parvient au sentiment de la vérité. Sur ce sentiment d'être obligé de désigner une chose comme « rouge », une autre

comme « froide », une troisième comme « muette »,
s'éveille une tendance morale à la vérité : par le
contraste du menteur en qui personne n'a confiance,
que tous excluent, l'homme se démontre à lui-même
ce que la vérité a d'honorable, de confiant et d'utile. Il
pose maintenant son action en tant qu'être « *rationnel* » sous la domination des abstractions ; il ne souffre
plus d'être emporté par les impressions subites, par les
intuitions ; il généralise toutes ces impressions en des
concepts décolorés et plus froids afin de leur rattacher
la conduite de sa vie et de son action. Tout ce qui
distingue l'homme de l'animal dépend de cette capacité de faire se volatiliser les métaphores intuitives en
un schème, donc de dissoudre une image dans un
concept. Dans le domaine de ces schèmes est possible
quelque chose qui jamais ne pourrait réussir au milieu
des premières impressions intuitives : construire un
ordre pyramidal selon des castes et des degrés, créer
un monde nouveau de lois, de privilèges, de subordinations, de délimitations, monde qui s'oppose désormais à l'autre monde, celui des premières impressions,
comme étant ce qu'il y a de plus ferme, de plus
général, de plus connu, de plus humain, et, de ce fait,
comme ce qui est régulateur et impératif. Tandis que
chaque métaphore de l'intuition est individuelle et
sans sa pareille et, de ce fait, sait toujours fuir toute
dénomination, le grand édifice des concepts montre la
rigide régularité d'un columbarium romain et exhale
dans la logique cette sévérité et cette froideur qui sont
le propre des mathématiques. Qui sera imprégné de
cette froideur croira difficilement que le concept, en
os et octogonal comme un dé et, comme celui-ci,
amovible, n'est autre que le *résidu d'une métaphore*, et
que l'illusion de la transposition artistique d'une
excitation nerveuse en images, si elle n'est pas la mère,
est pourtant la grand-mère de tout concept. Dans ce
jeu de dés des concepts, on appelle « vérité » le fait
d'utiliser chaque dé selon sa désignation, le fait de
compter avec précision ses points, le fait de former des
rubriques correctes et de ne jamais pécher contre

l'ordre des castes et la série des classes. Comme les Romains et les Étrusques divisaient le ciel par de rigides lignes mathématiques et, dans un espace délimité ainsi qu'en un *templum,* conjuraient un dieu, de même chaque peuple a au-dessus de lui un tel ciel de concepts mathématiquement répartis et, sous l'exigence de la vérité, il entend désormais que tout dieu conceptuel ne soit cherché nulle part ailleurs que dans *sa* sphère. Il faut ici admirer l'homme pour ce qu'il est un puissant génie de l'architecture qui réussit à ériger, sur des fondements mouvants et en quelque sorte sur l'eau courante, un dôme conceptuel infiniment compliqué : — en vérité, pour trouver un point d'appui sur de tels fondements, il faut que ce soit une construction comme faite de fils d'araignée, assez fine pour être transportée avec le flot, assez solide pour ne pas être dispersée au souffle du moindre vent. Pour son génie de l'architecture, l'homme s'élève loin au-dessus de l'abeille : celle-ci bâtit avec la cire qu'elle recueille dans la nature, lui avec la matière bien plus fragile des concepts qu'il doit ne fabriquer qu'à partir de lui-même. Il faut ici beaucoup l'admirer — mais non pour son instinct de vérité, ni pour la pure connaissance des choses. Si quelqu'un cache une chose derrière un buisson, la recherche à cet endroit précis et la trouve, il n'y a guère à louer dans cette recherche et cette découverte : il en va de même pourtant de la recherche et de la découverte de la « vérité » dans l'enceinte de la raison. Quand je donne la définition du mammifère et que je déclare, après avoir examiné un chameau, « voici un mammifère », une vérité a certes été mise au jour, mais elle est néanmoins de valeur limitée, je veux dire qu'elle est entièrement anthropomorphique et qu'elle ne contient pas un seul point qui soit « vrai en soi », réel et valable universellement, abstraction faite de l'homme. Celui qui cherche de telles vérités ne cherche au fond que la métamorphose du monde en les hommes, il aspire à une compréhension du monde en tant que chose humaine et obtient, dans le meilleur des cas, le sentiment d'une assimilation. Semblable à l'astrologue qui observait les étoiles au service des hommes et en connexité avec leur bonheur et leur malheur, un tel chercheur considère le monde entier comme lié aux hommes, comme l'écho infiniment brisé d'un son originel, celui de l'homme, comme la copie multipliée d'une image originelle, celle de l'homme. Sa méthode consiste à prendre l'homme comme mesure de toutes choses : mais de ce fait il part de l'erreur de croire qu'il aurait ces choses immédiatement devant lui, en tant que purs objets. Il oublie donc les métaphores originales de l'intuition en tant que métaphores et les prend pour les choses mêmes [10].

Ce n'est que par l'oubli de ce monde primitif de métaphores, ce n'est que par le durcissement et le raidissement de ce qui était à l'origine une masse d'images surgissant, en un flot ardent, de la capacité originelle de l'imagination humaine, ce n'est que par la croyance invincible que *ce* soleil, *cette* fenêtre, *cette* table, est une vérité en soi, bref ce n'est que par le fait que l'homme s'oublie en tant que sujet, et ce en tant que *sujet de la création artistique,* qu'il vit avec quelque repos, quelque sécurité et quelque conséquence : s'il pouvait sortir un seul instant des murs du cachot de cette croyance, c'en serait aussitôt fait de sa « conscience de soi ». Il lui en coûte déjà assez de reconnaître que l'insecte et l'oiseau perçoivent un tout autre monde que celui de l'homme et que la question de savoir laquelle des deux perceptions du monde est la plus juste est une question tout à fait absurde, puisque pour y répondre on devrait déjà mesurer avec la mesure de la *perception juste,* c'est-à-dire avec une mesure non existante [11]. Mais il me semble surtout que la « perception juste » — cela signifierait : l'expression adéquate d'un objet dans le sujet — une absurdité contradictoire : car entre deux sphères absolument différentes, comme le sujet et l'objet, il n'y a pas de causalité, pas d'exactitude, pas d'expression, mais tout au plus un rapport *esthétique*, je veux dire une transposition insinuante, une traduction balbutiante dans une langue tout à fait étrangère : ce pour quoi il faudrait en tout cas une sphère et une force intermédiaires composant librement et imaginant librement. Le mot « phénomène » détient de nombreuses séductions, c'est pourquoi je l'évite le plus possible : car il n'est pas vrai que l'essence des choses apparaisse dans le monde empirique. Un peintre auquel il manque les mains et qui voudrait exprimer par le chant l'image qu'il a devant les yeux, révélera toujours davantage par cet échange des sphères que le monde empirique ne révèle de l'essence des choses. Même la relation entre l'excitation nerveuse et l'image produite n'est en soi rien de nécessaire : mais quand la même image est reproduite un million de fois, qu'elle est héritée par de nombreuses générations d'hommes et qu'enfin elle apparaît dans le genre humain chaque fois à la même occasion, elle acquiert finalement pour l'homme la même signification que si elle était l'unique image nécessaire et que si cette relation entre l'excitation nerveuse originelle et l'image produite était une étroite relation de causalité ; de même un rêve éternellement répété serait ressenti et jugé absolument comme la réalité [12]. Mais le durcissement et le raidissement d'une métaphore ne garantit absolument rien en ce qui concerne la nécessité et l'autorisation exclusive de cette métaphore.

Tout homme à qui de telles considérations sont familières a certainement éprouvé une profonde méfiance à l'égard de tout idéalisme de ce genre chaque fois qu'il a eu l'occasion de se convaincre très clairement de l'éternelle conséquence, de l'omniprésence et de l'infaillibilité des lois de la nature ; il a tiré la conclusion : ici, aussi loin que nous pénétrions, dans la hauteur du monde télescopique et dans la profondeur du monde microscopique, tout est si sûr, accompli, infini, conforme aux lois et sans lacune ; la science aura éternellement à creuser avec succès dans ce puits et tout ce que l'on trouvera concordera et rien ne se contredira. Combien peu cela ressemble à un produit de l'imagination : car si ce l'était, cela devrait laisser deviner quelque part l'apparence et l'irréalité. Contre quoi il faut dire : si nous avions, chacun pour soi, une sensation de nature différente, nous pourrions percevoir nous-mêmes tantôt comme oiseau, tantôt comme ver, tantôt comme plante, ou bien si l'un de nous voyait la même excitation comme rouge, l'autre comme bleu, si un troisième l'entendait même comme son, personne ne parlerait alors d'une telle légalité de la nature, mais la concevrait seulement comme une création hautement subjective. Ensuite : qu'est-ce pour nous, en général, qu'une loi naturelle ? Elle ne nous est pas connue en soi mais seulement dans ses effets, c'est-à-dire dans ses relations avec d'autres lois de la nature, qui ne nous sont connues à leur tour que comme des sommes de relations [13]. Donc toutes ces relations ne font que renvoyer toujours de nouveau de l'une à l'autre et, en ce qui concerne leur essence, nous sont complètement incompréhensibles ; seul ce que nous apportons, le temps, l'espace, c'est-à-dire des relations de succession et de nombres, nous en est réellement connus. Mais tout ce qui est merveilleux et que nous regardons justement avec étonnement dans les lois de la nature, ce qui commande notre explication et pourrait nous conduire à la méfiance envers l'idéalisme, ne se trouve précisément que dans la seule rigueur mathématique, dans la seule inviolabilité des représentations de l'espace et du temps. Or nous produisons celles-ci en nous et hors de nous avec cette nécessité selon laquelle l'araignée tisse sa toile ; si nous sommes contraints de ne concevoir toutes les choses que sous ces formes-là, il ne faut alors plus s'étonner que nous ne saisissions que précisément ces formes-là : car elles doivent toutes porter en elles les lois du nombre et le nombre est précisément ce qu'il y a de plus étonnant dans les choses. Toute la légalité qui nous en impose tant dans le cours des astres et dans le processus chimique coïncide au fond avec ces propriétés que nous apportons nous-mêmes aux choses, si bien que, de ce fait, nous nous en imposons nous-mêmes. De là il ressort sans aucun doute que cette formation artistique de métaphores, par laquelle commence en nous toute sensation, présuppose déjà ces formes et est donc accomplie en elles ; ce n'est qu'à partir de la ferme persévérance de ces formes originelles que s'explique la possibilité selon laquelle peut ensuite être constituée une construction de concepts à partir des métaphores elles-mêmes. Cette construction est une imitation des rapports du temps, de l'espace et du nombre sur le terrain des métaphores.

2

A la construction des concepts travaille originellement, comme nous l'avons vu, le langage [14], et plus tard la science [15]. Comme l'abeille travaille en même temps à construire les cellules et à remplir ces cellules de miel, ainsi la science travaille sans cesse à ce grand columbarium des concepts, au sépulcre des intuitions, et construit toujours de nouveaux et de plus hauts étages, elle façonne, nettoie, rénove les vieilles cellules, elle s'efforce surtout d'emplir ce colombage surélevé jusqu'au monstrueux et d'y ranger le monde empirique tout entier, c'est-à-dire le monde anthropomorphique. Alors que déjà l'homme d'action attache sa vie à la raison et aux concepts pour ne pas être emporté par le courant et ne pas se perdre lui-même, le savant construit sa cabane tout près de la tour de la science pour pouvoir y aider et pour trouver lui-même protection sous le bastion existant. Et il a besoin de cette protection, car il y a des puissances redoutables qui font continuellement pression sur lui et qui opposent à la « vérité » scientifique des « vérités » d'un tout autre genre aux enseignes les plus hétéroclites.

Cet instinct qui pousse à former des métaphores, cet instinct fondamental de l'homme dont on ne peut faire abstraction un seul instant, car on ferait alors abstraction de l'homme lui-même, cet instinct, du fait qu'à partir de ses productions volatilisées, les concepts, se construit pour lui un monde nouveau, régulier et rigide comme un château-fort, n'est en vérité pas soumis et est à peine dompté. Il cherche un nouveau domaine pour son activité et un autre lit d'écoulement et les trouve dans le *mythe* et surtout dans l'*art*[16]. Continuellement il confond les rubriques et les cellules des concepts en instaurant de nouvelles transpositions, métaphores, métonymies ; continuellement il montre son désir de donner à ce monde présent de l'homme éveillé si confusément irrégulier, si incohérent, une forme pleine de charme et éternellement nouvelle comme il en est du monde du rêve. En soi l'homme éveillé n'a conscience qu'il veille que par la trame rigide et régulière des concepts ; c'est pourquoi il en vient justement à croire qu'il rêve lorsque ce tissu de concepts se trouve être déchiré par l'art. Pascal a raison d'affirmer que si nous faisions chaque nuit le même rêve nous en serions aussi préoccupés que des choses que nous voyons chaque jour : « si un artisan était sûr de rêver toutes les nuits, douze heures durant, qu'il est roi, je crois », dit Pascal, « qu'il serait presque aussi heureux qu'un roi qui rêverait toutes les nuits, douze heures durant, qu'il est artisan ». Le jour de veille d'un peuple stimulé par le mythe, par exemple celui des anciens Grecs, est en fait, par le prodige agissant continuellement tel que l'admet le mythe, plus analogue au rêve qu'au jour du penseur désenchanté par la science. Quand tout arbre peut parler comme une nymphe ou quand, sous le masque d'un taureau, un dieu peut enlever des vierges, quand la déesse Athéna elle-même se montre tout à coup, tandis qu'elle conduit par les marchés d'Athènes un bel attelage, en compagnie de Pisistrate — et cela l'honnête Athénien le croyait —, alors, à tout moment, comme en rêve, tout est possible, et la nature entière harcèle l'homme comme si elle n'était que la mascarade des dieux qui se feraient un jeu de mystifier les hommes sous toutes les formes.

Mais l'homme lui-même a une tendance invincible à se laisser tromper et il est comme enchanté de bonheur lorsque le rhapsode lui raconte, comme s'ils étaient vrais, des contes épiques, ou bien lorsque l'acteur joue sur scène le rôle d'un roi d'une manière plus royale que ne le montre la réalité. L'intellect, ce maître de la dissimulation, est libre et déchargé de son travail d'esclave aussi longtemps qu'il peut tromper sans préjudice et il célèbre alors ses saturnales. Jamais il n'est plus exubérant, plus riche, plus fier, plus agile ni plus téméraire : avec un plaisir créateur, il jette les métaphores pêle-mêle et déplace les bornes des abstractions, de sorte qu'il connote par exemple le courant comme le chemin mouvant qui porte l'homme là où il va d'ordinaire. Il a maintenant rejeté loin de lui le signe de la servitude : occupé d'ordinaire à la morne activité de montrer le chemin et les instruments à un pauvre individu qui aspire à l'existence et, comme un serviteur, tirant proie et butin pour son maître, il est maintenant devenu le maître et peut se permettre d'effacer de son visage l'expression de l'indigence. Tout ce qu'il fait désormais porte en soi, par comparaison avec son action passée, la dissimulation, comme son action antérieure portait en soi la distorsion. Il copie la vie humaine, la prend cependant pour une bonne chose et semble s'en montrer satisfait. Cette charpente et ces planches monstrueuses des concepts auxquelles se cramponne le nécessiteux, sa vie durant, pour se sauver, n'est plus pour l'intellect libéré qu'un échafaudage et un jouet pour ses œuvres les plus audacieuses : et quand il le casse, le met en pièces, le recompose ironiquement en accouplant ce qui est le plus différent, en séparant ce qui est le plus proche, il manifeste qu'il n'a pas besoin de cet expédient de l'indigence et qu'il n'est pas conduit désormais par des concepts, mais par des intuitions. De ces intuitions, aucun chemin régulier ne mène au pays des schèmes fantomatiques, des abstractions : le mot n'est pas fait pour elles, l'homme devient muet quand il les voit, ou bien il ne parle que par métaphores interdites et par assemblages conceptuels inouïs pour répondre de manière créatrice, au moins par la destruction et la dérision des anciennes barrières conceptuelles, à l'impression de la puissante intuition du présent.

Il y a des époques où l'homme rationnel et l'homme intuitif se tiennent l'un à côté de l'autre, l'un dans la peur de l'intuition, l'autre dans le dédain de l'abstraction ; et le dernier est presque aussi irrationnel que le premier est insensible à l'art. Tous deux désirent dominer la vie : celui-ci en sachant affronter les besoins les plus importants par la prévoyance, la prudence, la régularité ; celui-là, en tant que héros « trop joyeux », en ne voyant pas ces besoins et en ne prenant comme réelle que la vie déguisée en apparence et en beauté. Là où, peut-être comme dans la Grèce antique, l'homme intuitif dirige ses armes avec plus de force et plus victorieusement que son adversaire, une civilisation peut se former favorablement, la domination de l'art peut se fonder sur la vie : cette dissimulation, ce reniement de l'indigence, cet éclat des intuitions métaphoriques et surtout cette immédiateté de l'illusion accompagnent toutes les extériorisations d'une telle vie. Ni la maison, ni la démarche, ni le vêtement, ni la cruche d'argile ne trahissent que la nécessité les atteignît : il semble qu'en eux dût s'exprimer un bonheur sublime, une sérénité olympienne et en quelque sorte un jeu avec le sérieux. Tandis que l'homme conduit par les concepts et les abstractions n'en fait qu'une défense contre le malheur, sans même obtenir le bonheur à partir de ces abstractions, tandis qu'il aspire à être libéré le plus possible des souffrances, au contraire, posé au cœur d'une culture, l'homme intuitif récolte déjà, à partir de ses intuitions, à côté de la défense contre le mal, un éclairement au rayonnement continuel, un épanouissement, une rédemption. Il est vrai qu'il souffre plus violemment *quand* il souffre : il souffre même plus souvent parce qu'il ne s'entend pas à tirer des leçons de l'expérience, il retombe toujours dans l'ornière dans laquelle il est déjà tombé. Il est aussi déraisonnable dans la douleur que dans le bonheur, il crie fort et reste sans consolation. Au sein de la même disgrâce, combien est différent le stoïcien, instruit par l'expérience et se maîtrisant au moyen de concepts ! Lui qui ne cherche d'ordinaire que sincérité, vérité, liberté devant les illusions et protection contre les surprises trompeuses, il pose maintenant dans le malheur le chef-d'œuvre de la dissimulation, comme celui-là dans le bonheur ; il n'a pas un visage humain mobile et animé, mais porte en quelque sorte un masque aux traits dignement proportionnés, il ne crie pas et n'altère pas le son de sa voix : quand une juste nuée d'orage se déverse sur lui, il se cache dans son manteau et s'éloigne d'un pas lent sous l'averse.

DISPOSITION POUR LES PARTIES ULTÉRIEURES

3

Description du pêle-mêle chaotique dans un âge mythique. L'oriental. Débuts de la philosophie comme ordonnatrice des cultes, des mythes, elle organise l'unité de la religion.

4

Débuts d'une attitude ironique envers la religion. Nouvelle émergence de la philosophie.

5, etc. Récit.

Conclusion : l'État de Platon comme *sur-hellénique*, comme non impossible. La philosophie atteint ici son sommet comme fondatrice constitutionnelle d'un État métaphysiquement ordonné.

ÉBAUCHES

176

« Vérité »

1. La vérité comme devoir inconditionné niant hostilement le monde.
2. Analyse du sens général de la Vérité (inconséquence).
3. Le pathos de la vérité.
4. L'impossible en tant que correctif de l'homme.
5. Le fondement de l'homme mensonger parce qu'optimiste [17].
6. Le monde des corps.
7. Individus.
8. Formes.
9. L'art. Hostilité envers lui.
10. Sans non-vérité ni société ni civilisation [18]. Le conflit tragique. Tout ce qui est bon et tout ce qui est beau dépend de l'illusion : la vérité tue — qui plus est, elle se tue elle-même (dans la mesure où elle reconnaît que son fondement est l'erreur).

177

Qu'est-ce qui correspond à l'*ascèse* en ce qui concerne la vérité ? — La véracité comme fondement de tous les contrats, et comme présupposition de la subsistance de l'espèce humaine, est une exigence eudémonique à laquelle s'oppose la connaissance que le bien suprême de l'homme se trouve bien plus dans des *illusions :* donc que, selon les principes eudémoniques, la vérité *et le mensonge* devraient être utilisés — et c'est ce qui se produit.

Concept de la *vérité interdite,* c'est-à-dire d'une vérité telle qu'elle *recouvre* et *masque* le mensonge eudémonique. Antithèse : le *mensonge interdit*, intervenant cependant là où la vérité permise a son domaine.

Symbole de la vérité interdite : *fiat veritas, pereat mundus.*

Symbole du mensonge interdit [19] : *fiat mendacium, pereat mundus.*

Ce qui va en premier à la ruine par les vérités interdites c'est l'individu qui les énonce. Ce qui va en dernier à la ruine par les mensonges interdits c'est l'individu. Celui-ci se sacrifie avec le monde, celui-là sacrifie le monde à lui-même et à sa propre existence.

Casuistique : est-il permis de sacrifier l'humanité à la vérité ?

1. Ce n'est pas possible ! Si Dieu le voulait, l'humanité pourrait mourir par la vérité.

2. Si cela était possible, ce serait une bonne mort et une libération de la vie.

3. Nul ne peut, sans quelque *folie*, croire si fermement posséder la vérité : le scepticisme ne tardera pas à venir.

A la question : est-il permis de sacrifier l'humanité à une *folie*, on devrait répondre non. Mais pratiquement cela arrive, parce que le fait de croire à la vérité est précisément folie.

La foi en la vérité — ou la folie. Suppression des éléments *eudémoniques* :

1. en tant que ma *propre* foi ;
2. en tant que *trouvée* par moi ;
3. en tant que source des bonnes intentions chez les autres, de la renommée, du fait d'être aimé ;
4. en tant que désir impérieux de résistance.

Après retrait de ces éléments, l'énonciation de la vérité [20] est-elle encore possible en tant que pur *devoir* ? Analyse de *la croyance à la vérité* : car toute possession de la vérité n'est au fond qu'une conviction de posséder la vérité. Le pathos, le sentiment du devoir, vient de cette foi et non de la prétendue vérité. La foi suppose chez l'individu une *capacité de connais-*

sance inconditionnée, ainsi que la conviction que jamais un être connaissant ne pourrait aller plus loin; donc l'obligation pour toutes les extensions d'êtres connaissants. La *relation* supprime le pathos de la croyance, la limitation à l'humain, par l'acceptation sceptique que nous sommes peut-être tous dans l'erreur.

Mais comment le *scepticisme* est-il possible? Il apparaît comme le point de vue proprement *ascétique* de la pensée. Car il ne croit pas à la foi et détruit de ce fait tout ce qui est béni par la foi.

Mais même le scepticisme contient en soi une foi : la foi en la logique. Le cas extrême est donc un abandon de la logique, le *credo quia absurdum*, doute de la raison et désaveu de celle-ci. Comment cela se produit en conséquence de l'ascèse. Personne ne peut y *vivre*, pas plus que dans l'ascèse pure. Par là il est démontré que la foi en la logique et surtout la foi en la vie est nécessaire, que le domaine de la pensée est donc eudémonique. Mais alors s'avance l'exigence du mensonge : quand précisément vie et εὐδαιμονία sont des arguments. Le scepticisme se tourne contre les vérités défendues. Alors manque le fondement pour la pure vérité en soi, son instinct n'est plus qu'un instinct eudémonique masqué.

Tout événement de la nature nous est au fond inexplicable : nous pouvons seulement constater à chaque fois le décor dans lequel se donne le drame proprement dit. Nous parlons alors de causalité, tandis qu'au fond nous ne voyons qu'une succession d'événements. Que cette succession doive toujours se produire dans une mise en scène déterminée, c'est une croyance qui est contredite infiniment souvent.

La logique n'est que l'esclavage dans les liens du langage [21]. Celui-ci a cependant en lui un élément illogique, la métaphore, etc. La première force opère une identification du non-identique, elle est donc un effet de l'imagination. C'est là-dessus que repose l'existence des concepts, des formes, etc. [22].

« Lois de la nature. » De simples relations d'une chose à l'autre et à l'homme.

L'homme comme *mesure des choses* devenue finie et ferme. Dès que nous l'imaginons fluide et chancelant, cesse la rigueur des lois de la nature. Les lois de la sensation — comme noyau des lois de la nature, mécanique des mouvements. La croyance au monde extérieur et au passé, dans la science de la nature.

Ce qu'il y a de plus vrai en ce monde : l'amour, la religion et l'art. Le premier, à travers toutes les dissimulations et toutes les mascarades, voit jusqu'au noyau l'individu souffrant et compatit avec lui ; et le dernier, en tant qu'amour pratique, console la douleur en parlant d'un autre ordre du monde et en apprenant à mépriser celui-ci. Ce sont les trois puissances *illogiques* qui se reconnaissent comme telles.

178

L'accord inconditionné dans le logique et le mathématique n'indique pas un cerveau, un organe directeur se détachant anormalement — une raison ? une âme ? — C'est le tout-à-fait *subjectif* en vertu de quoi nous sommes des *hommes*. C'est l'héritage amassé auquel tous ont part.

179

La science de la nature, c'est la prise de conscience de tout ce que nous possédons héréditairement, l'enregistrement des lois fermes et rigides de la sensation.

180

Il n'y a pas d'instinct de la connaissance et de la vérité, mais seulement un instinct de la croyance à la vérité ; la connaissance pure est dénuée d'instinct.

181

Tous les instincts liés au plaisir et au déplaisir — il ne peut y avoir un instinct de la vérité, c'est-à-dire d'une vérité complètement sans suites, pure, sans émotion ; car là s'arrêteraient plaisir et déplaisir et il n'y a pas d'instinct qui ne pressente pas une joie dans sa satisfaction. La *joie de penser* ne démontre pas un désir de vérité. La joie de toutes les perceptions sensibles consiste en ce qu'elles ont été menées à bien par des *raisonnements*. L'homme nage toujours jusqu'à ce point dans un océan de joie. Dans quelle mesure pourtant le *syllogisme*, l'*opération logique préparent-ils la joie* ?

182

L'impossible dans les vertus.
L'homme n'est pas sorti de ces instincts supérieurs, son être tout entier montre une morale lâche, il bondit au-dessus de son être avec la morale la plus pure.

183

Art. Pieux mensonge et mensonge gratuit. Ramener cependant ce dernier à une nécessité.
Tous les mensonges sont de pieux mensonges. La joie de mentir est esthétique. Autrement seule la vérité a du plaisir en soi. Le plaisir esthétique, le plus grand parce que, sous la forme du mensonge, il dit la vérité d'une façon tout à fait générale.
Concept de la personnalité que celui des illusions nécessaires à la liberté morale, à tel point que même nos instincts de la vérité reposent sur le fondement du mensonge.
La vérité dans le système du *pessimisme*. La pensée est quelque chose qui ne vaudrait pas mieux.

184

Comment l'art est-il seul possible en tant que mensonge ?

Mon œil, fermé, voit en lui-même d'innombrables images changeantes — celles-ci sont le produit de l'imagination et je sais qu'elles ne correspondent pas à la réalité. Je ne crois donc en elles qu'en tant qu'images, non en tant que réalités.

Surfaces, formes.

L'art détient la joie d'éveiller des croyances par des surfaces : mais on n'est pas trompé ! Car alors l'art cesserait.

L'art fait dériver sur une illusion — mais nous ne sommes pas trompés ?

D'où vient la joie dans l'illusion recherchée, dans l'apparence qui est toujours connue comme apparence ?

L'art traite donc l'*apparence en tant qu'apparence*, il ne veut donc *pas* tromper, il *est vrai*.

La pure considération sans désir n'est possible qu'avec l'apparence qui est reconnue comme apparence, qui ne veut pas du tout conduire vers la croyance et, dans cette mesure, n'incite pas du tout notre volonté.

Seul celui qui pourrait considérer le monde tout entier *comme apparence* serait en état de l'envisager sans désir et sans instinct : l'artiste et le philosophe. Ici l'instinct cesse.

Tant que l'on cherche la vérité dans le monde, on se tient sous la domination de l'instinct : mais celui-ci veut le plaisir et non la vérité, il veut la croyance à la vérité, c'est-à-dire les effets de plaisir de cette croyance.

Le monde comme apparence — le saint, l'artiste, le philosophe.

185

Tous les instincts eudémoniques éveillent la croyance à la vérité des choses, du monde — ainsi la science entière — dirigée vers le devenir, non vers l'Être.

186

Platon comme prisonnier, proposé sur un marché d'esclaves — pour quel emploi les hommes peuvent-ils vouloir le philosophe? — Cela fait deviner pour quel usage ils veulent la vérité.

187

I. La vérité comme le masque de mouvements et instincts tout autres.
II. Le pathos de la vérité se rapporte à la croyance.
III. L'instinct du mensonge, fondamental.
IV. La vérité est incognoscible. Tout ce qui est connaissable est apparence. Signification de l'art en tant que celle de l'apparence vraisemblable.

(Kröner, X, pp. 189-215.)

IV

LA SCIENCE ET LA SAGESSE EN CONFLIT
(1875)

188

La Science et la Sagesse en conflit.

La Science (N. B. *avant* qu'elle ne soit habitude et instinct) apparaît :

1. Si les dieux ne sont pas bien considérés. Plus avantageux de connaître quoi que ce soit solidement.

2. L'égoïsme pousse l'individu, dans certaines professions comme la navigation, à chercher son intérêt au moyen de la science.

3. Quelque chose pour des gens distingués qui ont du loisir. Curiosité.

4. Dans le fougueux va-et-vient des opinions du peuple l'individu désire un fondement plus ferme.

En quoi cet instinct de la science diffère-t-il de l'instinct d'apprendre ou d'accepter quelque chose en général ? Seulement par un degré moindre d'égoïsme ou par sa plus large curiosité. *Premièrement* une manière de se perdre dans les choses. *Deuxièmement* un égoïsme développé au-delà de l'individu.

La sagesse se montre :

1. Dans la généralisation illogique et la hâte de sauter aux dernières conclusions.

2. Dans le rapport de ces résultats à la vie.

3. Dans l'importance absolue que l'on donne à son âme. Une seule chose est urgente.

Le socratisme est *premièrement* la sagesse dans le fait de prendre l'âme au sérieux.

Deuxièmement la science en tant que crainte et haine de la généralisation illogique.

Troisièmement une singularité du fait de l'exigence qu'il met dans une conduite consciente et logiquement correcte. De cette façon il nuit à la science et à la vie éthique.

Socrate, simple aveu de ma part, m'est si proche que je suis en un perpétuel combat avec lui.

189

1. Sous quelles couleurs le monde se montre-t-il à ces Grecs primitifs ?
2. Comment se comportent-ils avec les non-philosophes ?
3. C'est de leur *personnalité* que beaucoup de choses dépendent : deviner celle-ci est la raison de mon application à étudier leurs doctrines.
4. La science et la sagesse en conflit chez eux.
5. Loi dérogatoire ironique : tout est faux. Comment l'homme se cramponne à une poutre.

Il existe aussi une manière ironique et triste de raconter cette histoire. Je veux à tout prix éviter le ton gravement monotone.

Socrate *renverse* le *tout* en un moment où la vérité avait été approchée au *maximum :* cela est particulièrement *ironique.*

Tout dépeindre sur l'arrière-plan du mythe. Infinie insécurité et aspect ondoyant de celui-ci. On aspire à quelque chose de plus sûr.

*Ce n'est qu'à l'endroit où tombe la lumière du mythe que s'éclaire la vie des Grecs ; ailleurs elle est obscure. Maintenant les philosophes se privent du

---

* Cf. *Humain, trop humain*, I, n° 261.

mythe ; mais comment tiennent-ils dans cette obscurité ?

L'individu qui veut dépendre *de lui-même* — a besoin de *connaissances dernières*, de la philosophie. Les autres hommes ont besoin d'une science s'accroissant lentement.

Même l'indépendance n'est qu'apparente : chacun finit toujours par se rattacher à ses prédécesseurs. Phantasme après phantasme. Il est bizarre de tout prendre si sérieusement. Toute la philosophie la plus ancienne est comme un étrange *labyrinthe* que parcourt la raison. Il faut adopter un style de rêve ou de conte.

190

Le développement de la musique et celui de la philosophie grecques vont de pair. Comparaison de l'une et de l'autre, pour autant que toutes les deux font des déclarations sur l'essence de l'hellénisme. La musique, à vrai dire, ne nous est connue que par son dépôt dans la poésie lyrique.

Empédocle	— tragédie	Monodie sacrée.
Héraclite	— Archiloque	Xénophane dans le style
Démocrite	— Anacréon	du *Symposion*.
Pythagore	— Pindare	(Toute comparaison de
Anaxagore	— Simonide	personnes est fausse et sotte.)

191

Tant d'éléments dépendent du développement de la civilisation grecque que notre monde occidental tout entier en a reçu l'impulsion : la fatalité voulut que l'hellénisme le plus récent et le plus dégénéré fût celui qui devait montrer le plus de force historique. C'est pourquoi l'hellénisme le plus ancien a toujours été mal jugé. Il faut connaître avec précision l'hellénisme récent pour le distinguer de l'ancien. Il existe de très nombreuses possibilités non encore découvertes : parce que les Grecs ne les ont pas découvertes. Les Grecs en ont *découvert* d'autres qu'ils ont plus tard *recouvertes*.

192

Ces philosophes démontrent *quels dangers renfermait en elle la civilisation grecque.*

Le Mythe comme lit de paresse de la pensée	à l'opposé l'abstraction froide et la science rigoureuse. Démocrite.
La molle douceur de vivre	à l'opposé la sobriété, la conception sévère et ascétique chez Pythagore, Empédocle, Anaximandre.
La cruauté dans le conflit et la lutte	à l'opposé Empédocle avec sa réforme du sacrifice.
Le mensonge et la tromperie	à l'opposé l'enthousiasme pour le vrai quelle qu'en soit la conséquence.
La souplesse, l'excès de sociabilité	à l'opposé fierté et solitude d'Héraclite.

Ces philosophes démontrent la vitalité de cette civilisation qui produit ses propres *correctifs.*
Comment cette époque s'éteint-elle ? D'une façon *peu naturelle.* Où se trouvent donc les germes de la corruption ?
La fuite des meilleurs à l'écart du monde fut un grand malheur. A partir de Socrate : l'individu se prit trop au sérieux tout d'un coup.

La peste s'y ajouta, pour Athènes.

Ensuite on alla à l'abîme par les *guerres contre les Perses*. Le danger fut trop grand et la victoire trop extraordinaire. La mort du grand lyrisme musical et de la philosophie.

193

La philosophie grecque archaïque n'est qu'une philosophie d'*hommes d'État*. Quelle misère caractérise nos hommes d'État ! C'est d'ailleurs ce qui distingue le plus les présocratiques des postsocratiques.

Chez eux on n'a pas « l'infâme prétention au bonheur », comme à partir de Socrate. Leur état d'âme n'est pas le centre autour duquel tout tourne ; car ce n'est pas sans danger qu'on y réfléchit. Plus tard le γνῶθι σαυτόν d'Apollon a été mal compris.

Aussi ils ne bavardaient et ne pestaient pas tant, et ils n'écrivaient pas. L'hellénisme affaibli, romanisé, devenu grossier et simple décor ; ensuite accepté comme civilisation de décor par le christianisme affaibli, qui y voit un allié ; répandu de force parmi les peuples non civilisés — telle est l'histoire de la civilisation occidentale. Le tour est joué, et réunis l'élément grec et l'élément clérical.

Je veux faire la somme de Schopenhauer, Wagner et de la Grèce archaïque : cela ouvre une perspective sur une civilisation magnifique.

Comparaison de la philosophie archaïque avec celle des postsocratiques.

1. La plus ancienne est apparentée à *l'art*, sa solution de l'énigme universelle s'est souvent laissé inspirer par l'art.

2. Elle n'est *pas* la négation de l'*autre* manière de vivre, mais comme une fleur rare, elle en *sort ;* elle en exprime les secrets (Théorie — pratique).

3. Elle n'est *pas* si *individuelle-eudémono-logique ;* dénuée de l'infâme prétention au bonheur.

4. Ces philosophes archaïques eux-mêmes montrent dans leur vie une sagesse supérieure et non pas la vertu froidement prudente. Leur genre de vie est plus riche et plus complexe, les socratiques simplifient et banalisent.

L'histoire tripartite du *dithyrambe :*
1. Celui d'Arion — c'est de là que vient la tragédie archaïque.
2. Le dithyrambe d'État, agonistique — parallèlement la tragédie apprivoisée.
3. Le dithyrambe dû à un mimétisme, génialement informe.

Souvent chez les Grecs une forme *plus ancienne* est une forme supérieure, par exemple le *dithyrambe* et la *tragédie*. Le danger pour les Grecs se tenait dans leur *virtuosité* en tout genre ; avec Socrate commencent les virtuoses de la vie, Socrate, le nouveau dithyrambe, la nouvelle tragédie, l'invention du *rhéteur ! Le rhéteur est une invention grecque de l'époque tardive*. Ils ont inventé la « forme en soi » (et aussi le philosophe qui y convient).

Comment faut-il comprendre le combat de Platon contre la rhétorique ? Il *envie* son influence.

L'hellénisme archaïque a *manifesté ses forces dans la série de ses philosophes*. Avec Socrate s'interrompt cette manifestation : il cherche à *se produire lui-même* et à répudier toute tradition.

Ma tâche, d'une façon générale : montrer comment la vie, la philosophie et l'art peuvent avoir l'une envers l'autre une relation de profonde parenté, sans que la philosophie devienne plate ni la vie du philosophe mensongère.

Il est magnifique que les anciens philosophes aient pu vivre *si libres, sans pour cela devenir des fous ni des virtuoses*. La liberté de l'individu était immensément grande.

La fausse opposition de la vie pratique et de la vie contemplative est asiatique. Les Grecs comprenaient mieux les choses.

194

On peut présenter ces philosophes archaïques comme ceux pour qui l'atmosphère et les mœurs grecques sont une chaîne et une prison : donc ils s'émancipent (combat d'Héraclite contre Homère et Hésiode, de Pythagore contre la sécularisation, tous contre le mythe, surtout Démocrite). Ils ont dans leur nature une lacune, à l'opposite de l'artiste grec et, il semble, aussi à l'opposite de l'homme d'État.

Je les vois comme les *précurseurs d'une réforme des Grecs* : mais pas les précurseurs de Socrate. Au contraire leur réforme ne vint pas, et chez Pythagore cela resta à l'état de secte. Un groupe de phénomènes porte tout cet esprit de réforme — le *développement de la tragédie*. Le *réformateur manqué est Empédocle* ; après son échec il ne restait plus que Socrate. Ainsi l'hostilité d'Aristote contre Empédocle est-elle très compréhensible.

Empédocle — république — transformation de la vie — réforme populaire — tentative à l'aide des grandes fêtes helléniques. —

La tragédie fut en tout cas un moyen. Pindare ?

Ils n'ont pas trouvé leur philosophe ni leur réformateur, que l'on compare Platon : il été dévoyé par Socrate. Tentative pour caractériser Platon sans Socrate. Tragédie — conception profonde de l'amour — pure nature — pas d'éloignement fanatique — évidemment les Grecs étaient près de trouver un type d'homme encore supérieur à ce qu'étaient les précédents ; c'est là qu'est passé le coup de ciseaux. Il faut s'arrêter à *l'époque tragique* des Grecs.

1. Image des Hellènes eu égard à leurs dangers et à leurs vices.
2. Contrepartie des courants tragiques, en sens contraire. Nouvelle interprétation du mythe.
3. Les ébauches de réformateurs. Tentatives pour acquérir une *image du monde*.
4. La décision — Socrate. Platon le dévoyé.

195

La passion chez Mimnerme, la haine envers l'*ancienneté*.

La profonde mélancolie chez Pindare : ce n'est que lorsqu'un rayon tombe d'en haut que s'éclaire la vie humaine.

Comprendre le monde à partir *de la souffrance* c'est ce qu'il y a de tragique dans la tragédie.

Thalès — le non-mythique.

Anaximandre — le dépérissement et la naissance dans la nature moralement conçus en tant que faute et punition.

Héraclite — la légalité et la justice dans le monde.

Parménide — l'autre monde derrière celui-ci ; celui-ci comme problème.

Anaxagore — architecte du monde.

Empédocle — amour aveugle et haine aveugle ; ce qui est profondément irrationnel dans ce qu'il y a de plus rationnel au monde.

Démocrite — le monde est entièrement dénué de raison et d'instinct, il a été secoué vigoureusement. Tous les dieux, tous les mythes, superflus.

Socrate : — il ne me reste rien que moi-même ; l'angoisse pour soi-même devient l'âme de la philosophie.

Tentative de Platon pour penser tout jusqu'au bout et être le rédempteur.

Il faut décrire les personnes comme j'ai décrit Héraclite. Y entrelacer l'historique.

* Dans le monde entier règne l'*action graduelle*, chez les Grecs tout avance vite, et aussi décline terriblement vite. Lorsque le génie grec eut épuisé ses types supérieurs, le Grec baissa très rapidement. Il a suffi qu'une fois se produise une interruption et que la grande forme de la vie ne soit plus remplie : ce fut aussitôt terminé ; exactement comme pour la tragédie. Un seul contradicteur puissant comme Socrate — la déchirure fut irréparable. En lui s'accomplit la destruction de soi de tous les Grecs. Je crois que c'est parce qu'il était le fils d'un sculpteur. Si les arts plastiques pouvaient parler, ils nous sembleraient superficiels ; en Socrate, le fils du sculpteur, la superficialité transpira [1].

196

Les hommes sont devenus *plus spirituels* durant le Moyen Age : le calcul selon deux poids deux mesures, la subtilité de la conscience, l'interprétation de l'écriture en ont été les moyens. Cette façon d'*aiguiser l'esprit* sous la pression d'une hiérarchie et d'une théologie a manqué à l'Antiquité. Au contraire les Grecs ont été à l'inverse, sous le règne de la grande liberté de pensée, polythéistes et plats, on se mettait à volonté à croire et à ne plus croire. Il leur manque pour cela de prendre plaisir à la finesse du jeu de mots et de ce fait au genre de plaisanterie préféré des temps modernes. Les Grecs furent peu *spirituels ;* c'est pourquoi on a fait tant de cas de l'ironie de Socrate. Je trouve en cela Platon souvent quelque peu lourd.

Les Grecs étaient avec Empédocle et Démocrite sur la bonne voie *pour estimer correctement* l'existence

---

* Cf. *Humain, trop humain*, I, n° 261.

humaine, sa déraison, sa souffrance ; *ils n'y sont pas parvenus*, grâce à Socrate. Le regard impartial sur les hommes, c'est ce qui manque à tous les socratiques qui ont en tête les vilaines abstractions « le bien, le juste ». Que l'on lise Schopenhauer et que l'on se demande pourquoi il a manqué aux Anciens une telle liberté et une telle profondeur du regard — aurait-il dû y en avoir une ? C'est ce que je ne vois pas. Au contraire. Ils ont perdu la naïveté à cause de Socrate. Leurs mythes et leurs tragédies sont beaucoup plus sages que les éthiques de Platon et d'Aristote ; et leurs *Stoïciens* ou leurs *Épicuriens* sont *pauvres* en comparaison des poètes et des hommes d'État antérieurs.

L'influence de Socrate :

1. Il a détruit la naïveté du jugement éthique.
2. A réduit au néant la science.
3. N'avait aucun sens pour l'art.
4. Arracha l'individu à son lien historique.
5. Indiscrétion dialectique et bavardage requis.

197

Je ne crois plus au « *développement conforme à la nature* » à propos des Grecs : ils étaient beaucoup trop doués pour s'y prendre si *graduellement* et pas à pas, comme font la pierre et la sottise. * Les guerres contre les Perses, c'est le malheur national : le succès était trop grand, tous les mauvais instincts ressortaient, le désir tyrannique de régner sur toute l'Hellade atteignait des hommes individuels et des cités individuelles. Avec l'hégémonie d'Athènes (dans le domaine spirituel) un grand nombre de forces ont été étouf-

---

* Cf. *Humain, trop humain*, I, n° 261.

fées ; que l'on pense seulement combien stérile est restée Athènes en philosophie pendant longtemps. Pindare n'aurait pas été possible comme Athénien : Simonide le montre. Et pas davantage Empédocle ni Héraclite. Presque tous les grands musiciens viennent de l'extérieur. La tragédie athénienne n'est pas la forme la plus haute que l'on puisse imaginer. Il manque beaucoup trop à ses héros de l'élément pindarique. D'une manière générale : combien ce fut affreux que le conflit dût se déclarer justement entre *Sparte* et *Athènes* — cela ne se peut guère observer avec assez de profondeur.

L'hégémonie spirituelle d'Athènes fut l'obstacle à cette réforme. On doit se transporter par la pensée au temps où cette hégémonie n'existait pas : elle n'était pas nécessaire, elle l'est devenue seulement à la suite des guerres contre les Perses, c'est-à-dire après que la force matérielle et politique l'eut rendue nécessaire. Milet était beaucoup mieux douée, Agrigente aussi.

Le tyran qui peut faire tout ce qui lui plaît, c'est-à-dire le Grec qu'aucune force ne retient dans des limites, est un être tout de démesure, « il bouleverse les coutumes de la patrie, fait violence aux femmes et tue les hommes selon son bon plaisir ». Tout aussi effréné est le libre esprit tyrannique, dont les Grecs ont également peur. La haine des rois — signe d'une mentalité démocratique. Je crois : la réforme aurait été possible s'il y avait eu un tyran qui fût un Empédocle. En réclamant un philosophe sur le trône, Platon exprimait une idée qui avait été autrefois *réalisable :* il la trouva après que le temps de la réaliser eut été passé. Périandre ?

198

Sans le tyran Pisistrate les Athéniens n'auraient pas eu de tragédie : car Solon y fut opposé, mais le goût pour la tragédie avait été éveillé. Que voulait Pisistrate avec ces grandes explosions de tristesse ?

L'aversion de Solon envers la tragédie : que l'on pense aux limitations des cérémonies funèbres, à l'interdiction des chants funèbres. On mentionne le « deuil déraisonnable » des femmes milésiennes.

D'après l'anecdote c'est la *dissimulation* qui déplaît à Solon : le naturel non artiste de l'Athénien apparaît.

Clisthène, Périandre et Pisistrate, les protecteurs de la tragédie considérée comme un divertissement populaire, le goût du « deuil déraisonnable ». Solon veut la modération.

Les tendances centralisatrices nées des guerres contre les Perses : Sparte et Athènes s'en sont emparées. Au contraire de 776 à 560 il n'en existe rien : la civilisation de la cité florissait : je veux dire que sans les guerres contre les Perses on aurait compris l'idée de centralisation sous la forme d'une *réforme de l'esprit* — Pythagore ?

Il s'agissait alors de l'unité des fêtes et du culte : c'est là qu'aurait commencé la réforme. L'*idée d'une tragédie panhellénique* — c'est là que se serait développée une force d'une infinie richesse. Pourquoi n'en fut-il rien ? Après que Corinthe, Sicyone et Athènes eurent développé cet art.

La plus grande perte que l'humanité puisse subir c'est l'avortement des types de vie supérieurs. C'est ce qui est arrivé *autrefois*. Un parallèle net entre cet idéal et l'idéal chrétien. (Utiliser l'observation de Schopenhauer : « Les hommes remarquables et nobles entrent bientôt en possession de cette éducation du destin et s'y accommodent avec docilité et utilité ; ils voient que dans le monde si l'on peut trouver matière à s'instruire on ne peut trouver le bonheur, et ils disent enfin avec Pétrarque : « *altro diletto, che 'mparar, non provo* ». Par ce moyen il peut même arriver que leurs souhaits et leurs aspirations, pour ainsi dire, ne suivent encore que l'apparence et en folâtrant, mais véritablement et au fond d'eux-mêmes ils ne font qu'attendre un enseignement ; c'est ce qui leur donne alors une apparence contemplative, géniale, sublime ». (*Parerga*, I, 394) ; que l'on compare avec les *Socratiques* et leur chasse au bonheur !)

199

C'est une belle vérité que, pour qui l'amélioration et la connaissance sont devenues le but de la vie, toutes les choses servent pour le mieux. Mais pourtant ce n'est vrai qu'avec des restrictions : un aspirant à la connaissance astreint au travail le plus épuisant, un homme en voie de s'améliorer énervé et altéré par des maladies ! En tout, cela peut s'admettre : la préméditation apparente du destin est le fait de l'individu qui met sa vie en ordre et tire une leçon de toutes choses, aspirant la connaissance comme l'abeille le miel. Mais le destin qui s'abat sur un peuple atteint une totalité qui ne peut réfléchir sur sa vie de cette façon et la comprendre dans sa finalité ; ainsi la préméditation chez les peuples est-elle une escroquerie due à des cerveaux subtils ; rien n'est plus facile que de montrer la non-préméditation, par exemple au fait que, dans sa pleine floraison, un temps est soudain atteint par une chute de neige, et que tout meurt. Il y a là autant de stupidité que dans la nature. Jusqu'à un certain point chaque peuple, même dans les circonstances les plus défavorables, vient à bout d'une réalisation qui correspond à ses aptitudes. Mais pour qu'il puisse réaliser ce dont il est capable, il faut que certains accidents ne surviennent pas. Les Grecs n'ont pas réalisé tout ce dont ils étaient capables. Même les Athéniens se seraient élevés plus haut sans la fureur politique, après les guerres contre les Perses : que l'on pense à Eschyle qui est issu d'une époque antérieure à ces guerres et qui était mécontent des Athéniens de son temps.

Étant donné l'état défavorable des cités grecques après les guerres des Perses, un certain nombre de conditions propices à la naissance et au développement de grandes individualités ont été détruites : c'est ainsi que la production du génie dépend sans contredit du destin des peuples. Car si les dispositions au génie sont très fréquentes, il est rare de voir réunies toutes les conditions les plus nécessaires.

Cette réforme des Hellènes, telle que je la rêve, serait devenue un terrain merveilleux pour la production des génies : comme il n'y en eut jamais. Ce serait à décrire. Là nous avons perdu quelque chose d'indicible.

La nature hautement *morale* des Hellènes se montre dans son caractère de totalité et de simplicité ; en nous montrant l'homme *simplifié,* ils nous réjouissent comme le fait la vue des animaux.

L'effort des philosophes tend à *comprendre* ce que ses contemporains ne font que vivre. Tandis qu'ils interprètent pour eux-mêmes leur existence et qu'ils comprennent ses dangers, en même temps ils donnent aussi à leur peuple le sens de son existence.

C'est une *nouvelle image de l'univers* que le philosophe veut poser à la place de l'image *populaire.*

La science[2] approfondit le cours naturel des choses, mais ne peut jamais *commander* à l'homme. Sympathie, amour, plaisir, déplaisir, élévation, épuisement, tout cela, la science ne le connaît pas. Ce que l'homme vit et éprouve il doit se l'*expliquer* de quelque façon ; et par là l'estimer. Les religions ont leur force dans le fait qu'elles *donnent la mesure,* sont une échelle de mesure. Vu à la lumière du mythe un événement a un tout autre aspect. La signification des religions a cela pour elle qu'elle mesure la vie humaine selon un idéal humain.

Eschyle a vécu et combattu en vain : il vint trop tard. C'est ce qu'il y a de tragique dans l'histoire grecque : les *plus grands* comme Démosthène viennent trop tard pour relever le peuple.

Eschyle garantit une élévation de l'esprit grec qui s'éteint avec lui.

On admire maintenant l'évangile de la tortue — ah ! les Grecs couraient trop vite ! Je ne recherche pas dans l'histoire les époques heureuses mais des époques telles qu'elles offrent un terrain favorable à la *production* du génie. Ce que je trouve alors c'est l'époque antérieure aux guerres des Perses. On ne saurait la connaître assez précisément.

Bien des hommes vivent une vie dramatique, d'autres une vie épique, d'autres une vie confuse et sans art. L'histoire grecque a par les guerres des Perses un *daemon ex machina*.

Recherche d'une civilisation populaire.

Dissipation de l'*esprit* et du *sang* grecs les plus précieux ! En cela il faut montrer comment les hommes doivent apprendre à vivre avec beaucoup plus de *prudence*. Les tyrans de l'esprit en Grèce ont presque toujours été assassinés et n'ont eu qu'une rare postérité. * D'autres temps ont montré leur force en pensant jusqu'au bout et en poursuivant toutes les possibilités d'une grande pensée : la période chrétienne par exemple. Mais chez les Grecs cette supériorité des forces était trop difficile à atteindre ; là tout était pêle-mêle dans l'hostilité. La civilisation de la cité la seule qui ait été jusqu'à maintenant *démontrée* — maintenant encore nous en vivons.

Civilisation de la cité

Civilisation universelle

Civilisation populaire : combien faible chez les Grecs, à vrai dire seulement la civilisation de la cité athénienne, pâlie.

1. Ces philosophes isolés chacun pour soi.
2. Puis comme témoins de l'hellénisme (leurs philosophies, ombres de l'Hades de la nature grecque).
3. Puis comme adversaires des dangers encourus par l'hellénisme.

---

* Cf. *Humain, trop humain*, ibid.

4. Puis au cours de l'histoire grecque comme réformateurs manqués.

5. Puis à l'opposé de Socrate et des sectes, et de la vie contemplative, comme des essais pour parvenir à une *forme de vie* qui n'a *pas encore* été atteinte.

(Kröner, X, pp. 216-232.)

NOTES

LE DERNIER PHILOSOPHE — LE PHILOSOPHE. CONSIDÉRATIONS SUR LE CONFLIT DE L'ART ET DE LA CONNAISSANCE (1872)

1. Cette question motive la recherche historique concernant la philosophie présocratique, contemporaine de l'époque de la tragédie à laquelle Nietzsche vient de consacrer *La Naissance de la tragédie*.

2. A cette époque Nietzsche ne parle pas encore de *Volonté de Puissance*, mais seulement, comme Schopenhauer, de *Volonté* : il n'a pas encore élaboré la notion importante qui présidera à la fin de sa carrière intellectuelle.

3. La science ne connaît pas de problème de valeur, mais seulement des problèmes de réalité.

4. Nietzsche use du terme « philosophe » avec un préjugé favorable : il s'agit soit du philosophe présocratique, soit du futur philosophe à l'image des présocratiques dont Nietzsche tente de définir la tâche dans les temps modernes en vue de sauver l'humanité contre son instinct du savoir.

5. Ici « génie » rejoint « philosophe ». Le peuple se donne inconsciemment les remèdes que nécessitent ses maux et enfante le « génie ».

6. Nietzsche vient d'écrire et de publier *La Naissance de la tragédie* dans l'enthousiasme pour l'art wagnérien. Il cherche à concevoir la philosophie digne de cet art.

7. Le philosophe pose son système dans une civilisation dans laquelle il est nécessaire, comme l'artiste crée son monde d'art dans le peuple et dans le temps où il est inconsciemment attendu. L'artiste et le philosophe pensent et créent à l'échelle d'une civilisation ; ils ne produisent que dans la mesure où celle-ci nécessite leur œuvre. Ainsi, le sujet individuel n'a-t-il pas voix au chapitre en matière d'art et de philosophie.

8. Même conception qui fait du philosophe le philosophe d'une civilisation et non le penseur individuel.

9. La philosophie est appelée à jouer ce rôle de maîtrise qu'elle a abandonné dans la mesure où elle échoue à unifier le savoir et où elle ne domine plus la science.

10. *La Naissance de la tragédie* a implicitement opposé les deux sortes de connaissance en opposant à la connaissance rationaliste optimiste et, finalement, sans espoir, une connaissance tragique liée nécessairement à l'art, et qui est « la vraie connaissance, la vision de l'horrible vérité, qui anéantit toute impulsion, tout motif d'agir, chez Hamlet aussi bien que chez l'homme dionysien » (tr. J. Marnold et J. Morland, p. 74). Nietzsche montre que la science « s'élance alors irrésistiblement jusqu'à ses limites, où vient échouer et se briser son optimisme latent inhérent à la nature de la logique » (*op. cit.*, p. 140). En effet, au-delà de l'explicable commence l'inexplicable, quand « l'homme théorique » parvient à ce point extrême « alors surgit devant lui la forme nouvelle de la connaissance, *la connaissance tragique,* dont il lui est impossible de supporter seulement l'aspect, sans la protection et le secours de l'art » (*op. cit.*, p. 140).

11. Ce « voile » a un sens particulier pour Nietzsche, puisqu'il renvoie à *La Naissance de la tragédie* : « l'on pourrait ainsi appliquer à Apollon, dans un sens excentrique, les paroles de Schopenhauer sur l'homme enveloppé du voile de Maïa » (*op. cit.*, p. 29). Le voile est l'*illusion* dont Nietzsche conçoit trois degrés : 1. celle de la connaissance « socratique », 2. celle de l'art apollinien (« voile de beauté »), 3. celle de la tragédie ; ces trois degrés sont représentés par trois cultures : 1. la culture « alexandrine » dont l'idéal est l'homme théorique, 2. la culture hellénique, 3. la culture bouddhique (*op. cit.*, p. 162). L'attitude de l'homme théorique l'éloigne fondamentalement de celle de l'artiste : « De même que l'artiste l'homme théorique trouve, lui aussi, dans ce qui l'entoure une satisfaction infinie, et ce sentiment le protège, comme l'artiste, contre la philosophie pratique du pessimisme et ses yeux de lynx qui ne luisent que dans les ténèbres. Si l'artiste, en effet, à toute manifestation nouvelle de la vérité, se détourne de cette clarté révélatrice, et contemple toujours avec ravissement ce qui, malgré cette clarté, demeure obscur encore, l'homme théorique se rassasie au spectacle de l'obscurité vaincue, et trouve sa joie la plus haute à l'avènement d'une vérité nouvelle, sans cesse victorieuse et s'imposant par sa propre force » (*op. cit.*, p. 135).

12. Nietzsche veut faire de la philosophie un élément directeur supérieur à la science et à l'art, duquel naît la science mais dont le résidu est essentiellement art.

13. Résoudre cette énigme est nécessaire à l'entreprise de Nietzsche qui veut imiter les Grecs et réussir une civilisation, là même où ils ont échoué pour les deux raisons que révèlent les textes

sur *La Science et la sagesse en conflit* : 1. les guerres des Perses, 2. Socrate.

14. Cette pensée renvoie au premier aphorisme de ce groupe de textes (§ 16).

15. Le *rêve* a une importance que révèle *La Naissance de la tragédie*, c'est la « région apollinienne » des images visuelles et des paroles de l'art : « je voudrais soutenir que le rêve de nos nuits a une importance égale, à l'égard de cette essence mystérieuse de notre nature, dont nous sommes l'apparence extérieure » (*op. cit.*, p. 45). Apollon nous donne la « vision libératrice ».

16. Idée d'une mémoire conservant tout le passé à rapprocher de la théorie bergsonienne du souvenir-pur qui ne saurait se détruire même s'il n'est pas rappelé à la conscience.

17. Nietzsche tente de remonter radicalement le plus loin possible dans la genèse de la pensée intellectuelle, jusqu'à l'impression, de plaisir ou de déplaisir, c'est-à-dire jusqu'à la racine affective d'où les images vont naître.

18. Nietzsche n'est pas loin de mettre un nom à ces structures fondamentales de l'être qui « connaît » et qui « agit selon la morale » : la *Volonté de Puissance* ; il découvre, en naturaliste, la racine de la science et de la morale, comme de toute vérité, dans la sensibilité et l'activité d'un être vivant qui doit se maintenir et lutter et qui le fait dans le plaisir et le déplaisir au moyen de schèmes et d'images qui structureront son activité dans le milieu qui est le sien. Les paragraphes 69 et 71 sont à rapprocher.

19. La dignité nouvelle de l'art est l'organisation et la publication d'un mensonge voulu et partagé entre l'artiste et l'amateur d'art. L'art ment, mais nous jouons par un jeu esthétique non feint, décrit dans *La Naissance de la tragédie*, à être affectés ; nous sommes affectés et anéantis *esthétiquement*, c'est-à-dire étymologiquement, dans nos sensations, dans toutes nos cordes vibrantes : ce jeu est plus vrai que la vérité scientifique que l'on peut démasquer, à la honte des savants. Tandis que l'artiste n'encourt pas le risque d'une telle condamnation.

20. Toute structure humaine étant abolie dans le dernier homme, il ne reste plus que le rythme d'un souffle de voix qui murmure encore le dernier mot : hélas !

21. La source de la connaissance est sociale : la société impose un statut de vérité qui est nécessaire à sa survie, à partir de cette obligation sociale de « dire la vérité » (une certaine vérité utile à la société) « l'instinct du savoir », ou ce que l'on prend comme tel, a pu se développer, en se compliquant sans cesse au fur et à mesure qu'il a réussi. La connaissance a une origine morale puisqu'elle doit sa naissance à l'obligation de vérité, qui est « morale » en ce sens qu'elle est utile à la vie de cette société. « Moral » signifie donc : qui favorise la vie, mais Nietzsche montre, en outre, que cette vérité

vitale, dans son prolongement incontrôlé redevient l'ennemie de la vie. « La vérité tue » (§§ 176, 10).

22. Une conscience humaine déborde l'individu ainsi que son temps et son espace. Nietzsche place la civilisation au-dessus de l'individu, le véritable sujet au-dessus du sujet individuel. En chaque individu, revit donc un inconscient collectif (C. G. Jung) qui « se souvient » du passé de l'humanité. *La Naissance de la tragédie* a montré que les expériences dionysiaques comportaient des phénomènes de régression qui « transportaient » l'homme individuel vers les états de sensibilité les plus anciens, propres aux temps immémoriaux de l'humanité.

23. Dans les paragraphes 94, 95, 96, 97, 98, Nietzsche tente de ramener tous les phénomènes humains et matériels aux éléments de sensation et de mémoire en avançant la thèse que la matière elle-même est douée de sensation et de mémoire, ce qui donnerait à l'homme le privilège de connaître l'essence des choses.

24. Dans les paragraphes 99, 100, 101, 102, sur la base d'une définition de la connaissance comme « mesure à une échelle », Nietzsche rétablit le fossé qui sépare l'homme de l'univers qu'il « veut » connaître : même si l'appareil sensoriel de la nature est le même, il ne peut y avoir effectivement « connaissance » qu'avec l'intellect humain, c'est-à-dire un « sujet » posé devant un « objet ». Cette mesure à une échelle est impossible pour l'homme : l'homme « mesure » mais il ne connaît pas son échelle. Aussi la connaissance est-elle illusoire.

25. Tandis que l'homme « structure » ses concepts, ses conceptions générales, sa connaissance tout entière, il n'atteint pas à la connaissance en soi, ou à l'être en soi : seul l'être pour soi se révèle. La différence des mesures ne peut être établie, sans référence extérieure et fixe. Toutefois, en ce qui concerne la *différence des rythmes*, peut-être est-elle à la base de toute l'activité intellectuelle puisque, par cette différence, le nombre, le temps et l'espace sont donnés à l'homme.

26. Ce paragraphe est important car il permet de situer la pensée de Nietzsche par rapport à celle de Kant : pour Kant, derrière les phénomènes connaissables se situe la Chose en soi inconnaissable, hors de portée humaine ; pour les Bouddhistes, d'après Nietzsche, c'est-à-dire pour ceux qui ont une conception tragique du monde (voir notre note 11), derrière les apparences apolliniennes existe une réalité profonde : « l'homme dionysien est semblable à Hamlet : tous deux ont plongé dans l'essence des choses un regard décidé ; ils ont *vu*, et ils sont dégoûtés de l'action, parce que leur activité ne peut rien changer à l'éternelle essence des choses ; il leur paraît ridicule ou honteux que ce soit leur affaire de remettre d'aplomb un monde disloqué » (*La Naissance de la tragédie,* trad. citée, p. 74). « L'apparition de l'étant », ou de la vérité radicale, influence la vision du monde et de l'existence : celle-ci se révèle maintenant horrible et absurde.

27. Nietzsche critique la connaissance humaine qui n'est donc que pur anthropomorphisme : la métaphore est le *modèle* de notre connaissance (voir §§ 139, 140, 141, 142).

28. L'*imitation* motive la *métaphore* qui est une volonté d'imiter et qui ne réussit qu'à interpréter. En outre, l'imitation, en un sens, prouve l'existence du monde extérieur, étranger à l'homme, et que celui-ci veut « assimiler » (voir § 151).

29. Le sujet individuel et même la collectivité doivent s'effacer devant l'impersonnel, car si la vérité existe elle est impersonnelle, convenant à tous les êtres ; mais ce que Nietzsche recherche c'est, au-delà de la particularité même technique, une certaine universalité humaine, c'est-à-dire un point de vue duquel la civilisation apparaisse dans toute son envergure, grâce au « retour de la circonspection » (§ 32) et à une certaine élévation douée de concentration (§ 32).

LE PHILOSOPHE COMME MÉDECIN DE LA CIVILISATION (1873)

1. Nietzsche montre dans les *Philologica* qu'on ne peut séparer rhétorique et langage : il n'y a pas d'être non rhétorique du langage, la rhétorique est l'essence du langage (voir *Kröner*, XVIII, p. 249, *Rhetorik*). Aussi s'étonne-t-il à juste titre que l'on puisse étudier le langage et telle langue sans la rhétorique. Pour Nietzsche, l'histoire de la littérature signifie l'*histoire du traitement du langage conformément à l'art* (K, XVIII, p. 3, *Geschichte der griechischen Literatur*).

SUR LA VÉRITÉ ET LE MENSONGE AU SENS EXTRA-MORAL
(1873)

1. Nietzsche reprend l'expression de Hegel « Weltgeschichte », par dérision ; ainsi l'homme peut-il disparaître et ses traces avec lui. Voir paragraphe 79.

2. Métaphore du voile de l'illusion.

3. Nietzsche donne une interprétation naturaliste de l'entendement humain, interprétation qui se situe donc déjà dans l'ordre des pensées centralisées par la Volonté de Puissance. C'est pour se conserver en vie, pour avoir la puissance, et, de là, bientôt, plus de puissance, que l'homme, dépouillé de toute autre force, a pu développer son intelligence.

4. On peut comparer ce texte, dans son début et sa prise de position favorable fondamentale, à ce que Rousseau écrit par ailleurs dans le *Discours sur l'origine et les fondements de l'inégalité parmi les hommes*. En effet, Rousseau montre que, *sans la nécessité*,

l'homme n'aurait pu franchir la distance qui sépare les pures sensations des connaissances : sans la nécessité et *sans le secours de la communication* (voir Éd. Aubier-Montaigne, 1973, pp. 73-74, 74-75). Obligation sociale et nécessité biologique ont donc joué ce rôle de facteur déterminant dans le développement de l'intellect. La vie en commun implique le contrat social, la « conclusion de paix » à laquelle Nietzsche fait allusion et qui pour lui commande le « besoin de vérité », c'est-à-dire un certain loyalisme envers le groupe. Ce qui fait que pour Nietzsche l'homme à l'état de nature était « un loup pour l'homme » contrairement à ce que pense Rousseau. Pour Nietzsche la société tend à amoindrir le *bellum omnium contra omnes,* l'état de guerre incessant et général. Aussi le *social* et le *moral* sont-ils contemporains.

5. Dès l'origine, langage et vérité sont donc indissociables.

6. Capacité d'oubli que l'on peut appeler « mauvaise foi naturelle ».

7. Chladni (Ernst Florens Friedrich), 1756-1824, physicien allemand qui fit autorité en acoustique. Il étudia les vibrations au moyen de figures de sable (les figures de Chladni) représentant le mode fondamental des vibrations et les modes supérieurs, par exemple pour une plaque normalisée, recouverte de poudre : quand la plaque vibre, la poudre s'accumule dans les zones d'amplitude minimale de vibrations, et le nombre des nœuds augmente avec la fréquence.

8. Nietzsche explique comment l'homme « conceptualise » et montre aussi en même temps que le platonisme, c'est-à-dire la conception de deux mondes, l'un parfait et originel, l'autre simple copie du modèle, est une attitude qui découle naturellement du fait de l'existence du concept et de sa substantialisation.

9. Les « qualités », comme l'honnêteté, sont comparables, du point de vue de leur existence, à la « vertu dormitive de l'opium ».

10. Il faut considérer ce texte comme la première critique philosophique du langage dans son rapport étroit à la « vérité », depuis l'enquête socratique. M. Foucault dit justement (*Les Mots et les Choses,* p. 316) que Nietzsche a « le premier rapproché la tâche philosophique d'une réflexion radicale sur le langage ». En effet, Nietzsche ne s'en tient pas à la critique habituelle que font les philosophes à l'endroit du langage vulgaire, du langage de la conscience commune, il considère le travail philosophique tout entier comme étant radicalement linguistique, comme étant une affaire de langage dont la mise au point déterminerait la valeur de la « vérité ».

11. Voir paragraphes 99 et 114.

12. Critique de la causalité : comme Hume, Nietzsche dit que la « causalité » est le fait de l'habitude de voir se succéder certains faits (les causes) et d'autres faits (les effets). Rapprocher des paragraphes 80, 81, 82, 97, 139, 140.

13. Rapprocher du paragraphe 150.

14. Les concepts sont l'œuvre du langage non d'un sujet individuel : la philosophie ne se tient pas dans un monde intelligible, modèle du monde sensible, elle est incorporée dans le langage, phénomène sous lequel elle apparaît, se manifeste, dans l'opacité et l'obliquité.

15. La science est un autre système indépendant de l'individu et dont ce dernier reçoit les concepts auxquels il participe à son échelle mais qui le dominent. « L'instinct du savoir » est cette force aveugle qui anime le développement de la science « sans discernement ».

16. Cette pensée radicale nous renvoie aux paragraphes 16 et 65. Le philosophe, le savant et l'artiste ne sont pas absolument différents : la logique a une origine dans l'art, puisque la métaphore commande la première « faussse » identification qui permet la science : voir paragraphe 177.

17. Il s'agit de l'optimisme de l'homme théorique qui vit pour la science, c'est-à-dire dans l'illusion socratique, la plus tenace des trois illusions car elle est celle qui ne veut pas passer pour telle.

18. C'est sur le mensonge que se fonde la civilisation ; dans *La Naissance de la tragédie*, Nietzsche oppose le mensonge de la civilisation *(Kulturlüge)* à la vérité naturelle du fonds tragique de l'univers, ou vérité radicale.

19. Le menteur enfreint les lois linguistiques de la société ; il dit : « je suis riche » quand il est pauvre ; comme membre de la société il est obligé, au contraire, de mentir selon les conventions établies, c'est-à-dire selon le vocabulaire de cette société, d'être *véridique*. Le mensonge interdit consiste à ne pas vouloir payer avec les mots en cours, de même la vérité interdite consiste à dire ce qui est nuisible à la communauté, ou bien tout d'abord à dire la vérité sur les conventions sociales elles-mêmes.

20. Dire la vérité à tout prix est socratique (§ 70). Socrate est l'homme véridique qui ne dit la vérité qu'en tant qu'elle est dicible. Mais si la possession de la vérité n'est qu'une croyance, une conviction de posséder la vérité, le « devoir » de dire la vérité subsiste-t-il ? Il n'y a pas de vérité désintéressée, car supprimer toute foi est impossible, il reste au moins la foi dans la logique, ou dans la vie. Si l'eudémonisme est découvert à la base de la vérité dite pure, celle-ci perd tout fondement et l'eudémonisme sert en outre de fondement au mensonge.

21. Le raisonnement de la note 20 peut se poursuivre à propos de la logique : si un départ illogique est admis, une fausse identité posée, la logique tout entière perd son fondement, inversement le fondement métaphorique de la logique sert, au contraire, à fonder l'art, lui donne en même temps une valeur comparable à la science, et même supérieure puisqu'il est posé sur des bases bien connues, contrairement à la logique qui implique une exigence de rigueur.

22. *Cf. Histoire naturelle de la Morale* et, en particulier, le paragraphe 192 *(Par-delà le Bien et le Mal)* qui reprend cette thèse critique de l'anthropomorphisme radical de la science.

LA SCIENCE ET LA SAGESSE EN CONFLIT
(1875)

1. Socrate est, selon *La Naissance de la tragédie,* un être de surface et de hauteur : il élève la pyramide du savoir. Au contraire, l'être des profondeurs est Dionysos, qui creuse l'abîme dionysien détenant la vérité affreuse. Entre les deux s'étend le monde intermédiaire d'Apollon, inspirateur de la forme plastique. Le socratisme est fils de l'apollinisme, tout comme Socrate est fils de sculpteur.

2. La science n'est pas suffisante. L'homme agit selon une échelle de valeurs. Aussi la philosophie doit-elle devenir axiologique. Seule, elle peut créer des valeurs nouvelles.

BIBLIOGRAPHIE

I. *Œuvres de Nietzsche.*

Il existe à l'heure actuelle cinq éditions des *Œuvres complètes* de Nietzsche. 1) l'ancienne édition *Kröner*; 2) l'édition *Musarion*; 3) l'édition en trois volumes *(Carl Hanser Verlag)* de Karl Schlechta. Cette dernière édition a redistribué les œuvres posthumes en un ordre chronologique, mais, à l'analyse, n'apporte aucune modification aux deux éditions précédentes, quant au texte lui-même ; 4) la grande édition historique et critique *Beck* — (I. *Œuvres;* II. *Lettres)* reste inachevée : pour les lettres, elle ne dépasse pas la période 1878-1879 et pour les œuvres les années 1868-1869 ; 5) il se poursuit une cinquième édition complète due aux travaux de MM. Colli et Montinari qui ont présenté l'état de leurs recherches au *Colloque Nietzsche* de Royaumont (juillet 1964) : des modifications importantes ont été apportées au texte, cette édition paraît en langue allemande (Berlin, *W. de Gruyter),* en langue italienne (Milano, *Adelphi)* et en langue française *(Gallimard).* Nous avons utilisé l'édition *Kröner* pour les textes communs aux trois premières éditions ; c'est celle qu'utilisent la plupart des travaux antérieurs sur Nietzsche. Pour la période de jeunesse, l'édition *Beck* offre de plus nombreux textes (en principe tous les textes) et, en outre, de très riches commentaires historiques et critiques dus à H. J. Mette en ce qui concerne les *Œuvres,* et à K. Schlechta, W. Hoppe, G. Koch en ce qui concerne les *Lettres.* Entre l'édition *Kröner* et l'édition *Musarion* la différence réside dans ce que cette dernière donne les écrits de jeunesse et les premiers poèmes, mais ces textes ne sont pas complets comme ils le sont dans l'édition

Beck. Il y a lieu de faire correspondre les deux éditions *Kröner* et *Musarion* de la façon suivante :

Kröner :	années :	Musarion :
I-IX-X	1869-1872	III-IV
I-X	1872-1876	VI-VII
II-III-VI	1878-1879	VIII-IX
IV-XI	1880-1881	X-XI
V-XII	1882-1886	XI-XII
VI-XII-XIV	1882-1885	XIII-XIV
VII-XIV-XIII	1885-1887	XV-XVI
VIII-XIII-XV-XVI	1882-1888	XVII-XVIII-XIX-XXI
XVII-XVIII-XIX	1866-1877	III-V
XX (*Sachregister*)	....	XXII-XXIII (*Sachregister*)
....	1854-1868	I-II
....	....	XX-(*Gedichte*)

II. *Quelques études sur Nietzsche.*

COLLI G., *Après Nietzsche*, trad. de l'italien par P. Gabbellone, Montpellier, Éditions de l'éclat, 1987.

DELEUZE G., *Nietzsche et la philosophie*, Paris, P.U.F., 1962.

DELHOMME J., *Nietzsche ou le voyageur et son ombre*, Paris, Seghers, 1969.

GRANIER J., *Le Problème de la vérité dans la philosophie de Nietzsche*, Paris, Seuil, 1966.

HEBER-SUFFRIN P., *Le Zarathoustra de Nietzsche*, Paris, P.U.F., 1988.

International Nietzsche Bibliography, Herbert W. Reichert and Karl Schlechta, Chapell Hill, The University of North Carolina Press, 1960.

JANZ CURT P., *Nietzsche, Biographie*, trad. de l'allemand par Marc B. de Launay, Violette Queniet, Pierre Rusch, Maral Ulubeyan, M. Vallois, Paris, Gallimard, 3 tomes, 1984-1985.

JASPERS K., *Nietzsche, Introduction à sa philosophie*, Paris, Gallimard, 1950.

KLOSSOWSKI P., *Nietzsche et le cercle vicieux*, Paris, Mercure de France, 1969.

KOFMAN S., *Nietzsche et la métaphore*, Paris, Payot, 1972.

KOFMAN S., *Nietzsche et la scène philosophique*, Paris, Galilée, 1986.

KREMER-MARIETTI A., *Thèmes et structures dans l'œuvre de Nietzsche*, Paris, Lettres Modernes, 1957.

KREMER-MARIETTI A., *L'Homme et ses labyrinthes, Friedrich Nietzsche*, Paris, U.G.E., 10/18, 1972.

KREMER-MARIETTI A., « Nietzsche et la vengeance comme restitution de la puissance », in *La Vengeance*, vol. IV, Paris, Éd. Cujas, 1984.

KREMER-MARIETTI A., traduction de *Contribution à la généalogie de la morale*, avec notes et introduction : « De la philologie à la généalogie », Paris, U.G.E., 10/18, 1974, 1982^2, 1988^3.

KREMER-MARIETTI A., traduction de *Par-delà Bien et Mal*, parties 1 à 3, avec notes et commentaires, Paris, Nathan, 1991.

La Métaphore, Recherches sur la Philosophie du Langage, Cahiers du Groupe de Recherches sur la Philosophie du Langage, Grenoble, 1988.

Nietzsche aujourd'hui ? vol. 1 *Intensités*. Vol. 2 *Passion*. Paris, U.G.E., 10/18, 1973.

Nouvelles lectures de Nietzsche, Cahiers l'Age d'Homme, N° 1, Lausanne, 1985.

Quinze années d'études nietzschéennes, Revue des Lettres Modernes, N°s 76-77, Paris, 1962.

Le texte que nous présentons est extrait du tome X de l'éd. Kröner, pp. 109-232, et fait donc partie des œuvres posthumes dont *certaines étaient encore inédites*, ou partiellement éditées et traduites en français.

CHRONOLOGIE

1844 : Naissance de Friedrich Wilhelm Nietzsche, le 13 octobre, à Roecken, en Prusse, dans une famille pastorale luthérienne.

1848 : Mort accidentelle de son père, puis de son jeune frère.

1858 : Entre au collège de Pforta.

1864 : Décide de ne pas se faire pasteur. Entre à l'université de Bonn.

1865 : Entre à l'université de Leipzig. Lecture de Schopenhauer. Se lie avec Erwin Rohde.

1867 : Incorporé dans l'armée, renvoyé chez lui après une chute de cheval.

1869 : Nommé professeur de philologie grecque à l'université de Bâle. Relations d'amitié avec Richard Wagner et Cosima, la fille de Liszt, fixés sur les bords du lac des Quatre-Cantons.

1870 : Infirmier volontaire dans la guerre franco-allemande. Revient malade à Bâle.

1871 : Finit de rédiger *La Naissance de la tragédie*, qui paraît en janvier 1872.

1873 : Part pour l'Italie avec Alfred Brenner et Paul Rée. Séjour à Sorrente chez Malwida von Meysenbug. Rupture avec Wagner. Premières *Considérations inactuelles*.

1878 : *Humain, trop humain*.

1879 : Tombe malade ; commence une vie errante.

1880 : *Le Voyageur et son ombre*. Vit quelque temps à Venise avec son ami, le musicien Peter Gast. *Aurore* (avec en sous-titre *L'Ombre de Venise*).

1881 : Premier séjour dans l'Engadine. Vision du Retour éternel.

1882 : *Le Gai Savoir* : Rencontre de Lou Salomé dont il devient amoureux.

1882-1883 : Séjour à Rapallo. Vision de Zarathoustra.

1883 : Séjour à Nice. Première partie de *Ainsi parlait Zarathoustra*, publiée en juin. En juin-juillet, rédaction du deuxième livre, à Sils-Maria. Mort de Wagner.

1884 : A Nice ; troisième partie de *Zarathoustra*.

1885 : A Nice, rédaction du quatrième livre de *Zarathoustra*, tiré à 40 exemplaires.

1886 : *Par-delà Bien et Mal*.

1887 : *Généalogie de la morale*.

1888 : Séjour à Turin.
Le Cas Wagner.
Le Crépuscule des idoles.
L'Antéchrist.
Ecce Homo.

1889 : Crise de démence à Turin. Il est ramené à Bâle, victime de paralysie générale, puis interné dans une maison de santé à Iéna. Sa sœur, Elisabeth Förster-Nietzsche, le recueille ensuite à Weimar.

1900 : Meurt le 25 août sans avoir repris sa lucidité.

A partir de 1884, Nietzsche a amassé des notes en foule pour un grand ouvrage qu'il n'a pu achever, et qu'on a pris l'habitude de désigner par le titre de *La Volonté de puissance*, souhaité par Nietzsche lui-même.

TABLE

Introduction 7

LE LIVRE DU PHILOSOPHE :
ÉTUDES THÉORÉTIQUES

I. Le dernier philosophe. Le philosophe. Considérations sur le conflit de l'art et de la connaissance 37

II. Le philosophe comme médecin de la civilisation 105

III. Introduction théorétique sur la vérité et le mensonge au sens extra-moral 115

IV. La science et la sagesse en conflit 141

Notes 159
Bibliographie 169
Chronologie............................... 175

LA PHILOSOPHIE DANS LA GF

ANSELME DE CANTORBERY
Proslogion (717)

ARISTOTE
De l'âme (711)
Éthique de Nicomaque (43)
Parties des animaux, livre I (784)
Les Politiques (784)

AUFKLÄRUNG. LES LUMIÈRES ALLEMANDES (793)

SAINT AUGUSTIN
Les Confessions (21)

AVERROÈS
Discours décisif (bilingue) (871)
L'Intelligence et la pensée (Sur le De Anima) (974)

BACON
La Nouvelle Atlantide (770)

BECCARIA
Des délits et des peines (633)

BERKELEY
Principes de la connaissance humaine (637)

BICHAT
Recherches physiologiques sur la vie et la mort (808)

LE BOUDDHA
Dhammapada (849)

COMTE
Leçons de sociologie (864)
Discours sur l'ensemble du positivisme (991)

CONDORCET
Cinq mémoires sur l'instruction publique (783)
Esquisse d'un tableau historique des progrès de l'esprit humain (484)

CONFUCIUS
Entretiens avec ses disciples (799)

CONSTANT
De l'esprit de conquête et de l'usurpation dans leurs rapports avec la civilisation européenne (456)

CUVIER
Recherches sur les ossements fossiles de quadrupèdes (631)

DARWIN
L'Origine des espèces (685)

DESCARTES
Correspondance avec Élisabeth et autres lettres (513)
Discours de la méthode (109)
Lettre-préface des Principes de la philosophie (975)
Méditations métaphysiques (328)
Les Passions de l'âme (865)

DIDEROT
Entretien entre d'Alembert et Diderot. Le Rêve de d'Alembert. Suite de l'entretien (53)
Supplément au voyage de Bougainville. Pensées philosophiques. Addition aux Pensées philosophiques. Lettre sur les aveugles. Additions à la Lettre sur les aveugles (252)

DIDEROT/D'ALEMBERT
Encyclopédie ou Dictionnaire raisonné des Sciences, des Arts et des Métiers (2 vol., 426 et 448)

DIOGÈNE LAËRCE
Vie, doctrines et sentences des philosophes illustres (2 vol., 56 et 77)

MAÎTRE ECKHART
Traités et sermons (703)

ÉPICTÈTE
Manuel (797)

ÉRASME
Éloge de la folie (36)

FICHTE
La Destination de l'homme (869)

GOETHE
Écrits sur l'art (893)

GRADUS PHILOSOPHIQUE (773)

HEGEL
Préface de la Phénoménologie de l'esprit (bilingue) (953)

HOBBES
Le Citoyen (385)

HUME
Enquête sur l'entendement humain (343)
Enquête sur les principes de la morale (654)
L'Entendement. Traité de la nature humaine, livre I (701)
Les Passions. Traité de la nature humaine livre II (557)

La Morale. Traité de la nature humaine, livre III (702)

KANT
Anthropologie (665)
Critique de la raison pure (257)
Essai sur les maladies de la tête. Observations sur le sentiment du Beau et du Sublime (571)
Métaphysique des mœurs (2 vol., 715 et 716)
Opuscules sur l'histoire (522)
Théorie et Pratique (689)
Vers la paix perpétuelle. Qu'est-ce que les Lumières ? Que signifie s'orienter dans la pensée ? (573)

KIERKEGAARD
La Reprise (512)

LA BOÉTIE
Discours de la servitude volontaire (394)

LAMARCK
Philosophie zoologique (707)

LA ROCHEFOUCAULD
Maximes et réflexions diverses (288)

LEIBNIZ
Essais de Théodicée (209)
Nouveaux Essais sur l'entendement humain (582)
Principes de la nature et de la grâce. Monadologie et autres textes (863)
Système nouveau de la nature et de la communication des substances (774)

LOCKE
Lettre sur la tolérance et autres textes (686)
Traité du gouvernement civil (408)

LUCRÈCE
De la nature (30)
De la nature (bilingue) (993)

MACHIAVEL
L'Art de la guerre (615)
Le Prince (317)

MALEBRANCHE
Traité de morale (837)

MALTHUS
Essai sur le principe de population (2 vol., 708 et 722)

MARC AURÈLE
Pensées pour moi-même suivies du Manuel d'Épictète (16)

MARX
Manuscrits de 1844 (784)

MARX ET ENGELS
Manifeste du parti communiste (1002)

MONTAIGNE
Essais (3 vol., 210, 211 et 212)

MONTESQUIEU
Considérations sur les causes de la grandeur des Romains et de leur décadence (186)
De l'esprit des lois (2 vol., 325 et 326)
Lettres persanes (19)

MORE
L'Utopie (460)

NIETZSCHE
Ainsi parlait Zarathoustra (881)
L'Antéchrist (753)
Le Crépuscule des idoles. Le Cas Wagner (421)
Ecce Homo. Nietzsche contre Wagner (572)
Le Gai Savoir (718)
Généalogie de la morale (754)
Le Livre du philosophe (660)
Seconde considération intempestive (483)

PASCAL
Pensées (266)
De l'esprit géométrique. Écrits sur la grâce et autres textes (436)

PASTEUR
Écrits scientifiques et médicaux (825)

PENSEURS GRECS AVANT SOCRATE (31)

PLATON
Apologie de Socrate. Criton (848)
Le Banquet. Phèdre (4)
Cratyle (954)
Euthydème (492)
Gorgias (465)
Ion (529)
Lachès. Euthyphron (652)
Lettres (466)
Ménon (491)
Parménide (688)
Phédon (489)
Phèdre (488)
Platon par lui-même (785)
Premiers dialogues : Second Alcibiade. Hippias mineur. Euthyphron. Lachès. Charmide. Lysis. Hippias majeur. Ion (129)

Protagoras (761)
Protagoras. Euthydème. Gorgias. Ménexène. Ménon. Cratyle (146)
La République (90)
Sophiste (687)
Sophiste. Politique. Philèbe. Timée. Critias (203)
Théétète (493)
Théétète. Parménide (163)
Timée. Critias (618)

QUESNAY
Physiocratie (655)

RICARDO
Principes de l'économie politique et de l'impôt (663)

ROUSSEAU
Considérations sur le gouvernement de Pologne. L'Économie politique. Projet de constitution pour la Corse (574)
Du contrat social (94)
Discours sur l'origine et les fondements de l'inégalité parmi les hommes. Discours sur les sciences et les arts (243)
Émile ou de l'éducation (117)
Essai sur l'origine des langues et autres textes sur la musique (682)
Lettre à M. d'Alembert sur son article Genève (160)
Profession de foi du vicaire savoyard (883)

SAY
Cours d'économie politique (879)

SCHOPENHAUER
Sur la religion (794)

SÉNÈQUE
Lettres à Lucilius (1-29) (599)

SMITH
La Richesse des nations (2. vol., 598 et 626)

SPINOZA
Œuvres : I – Court traité. Traité de la réforme de l'entendement. Principes de la philosophie de Descartes. Pensées métaphysiques (34)
II – Traité théologico-politique (50)
III – Éthique (57)
IV – Traité politique. Lettres (108)

THOMAS D'AQUIN
Contre Averroès (bilingue) (713)

TOCQUEVILLE
De la démocratie en Amérique (2 vol., 353 et 354)
L'Ancien Régime et la Révolution (500)

TURGOT
Formation et distribution des richesses (983)

VICO
De l'antique sagesse de l'Italie (742)

VOLTAIRE
Dictionnaire philosophique (28)
Lettres philosophiques (15)
Traité sur la tolérance (552)

GF-CORPUS

L'Âme (3001)
Le Désir (3015)
L'État (3003)
L'Histoire (3021)
Le Langage (3027)
Le Libéralisme (3016)

La Nature (3009)
Le Nihilisme (3011)
La Paix (3026)
Le Pouvoir (3002)
Le Scepticisme (3014)
La Sensation (3005)

GF Flammarion

98/08/66295-IX-1998 — Impr. MAURY Eurolivres, 45300 Manchecourt.
N° d'édition FG066006. — Septembre 1991. — Printed in France.